家を建てるなら
デザインビルドで

吉田研介

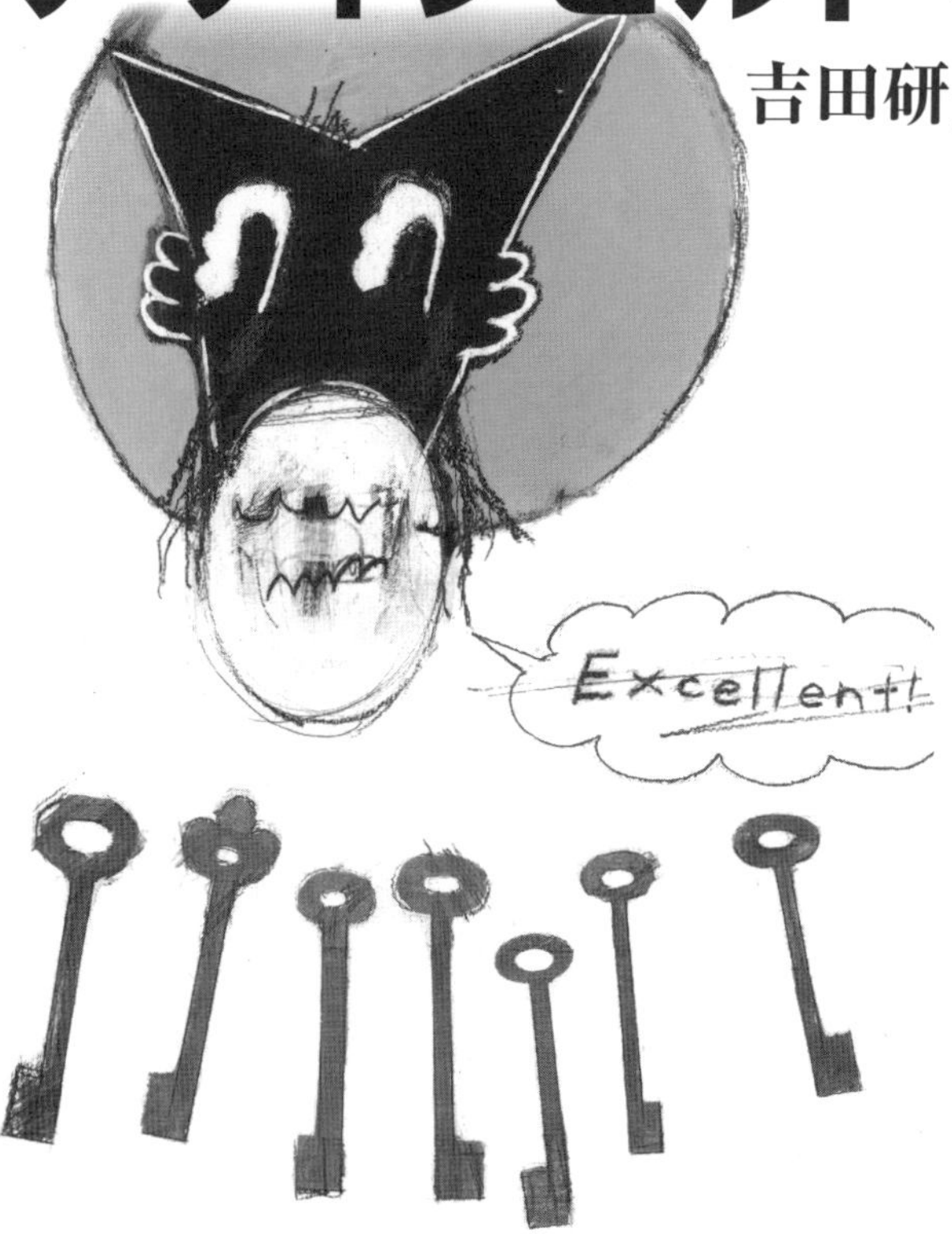

東京図書出版

はじめに

この本を「書かなければ」と思ったのは、ほんの小さなことからです。

それは、住宅を建てるとき設計を終えて工務店に見積もりを出すと、ほとんどすべての場合、予算オーバーをしている、ということです。これは私だけではなく、私の周辺、否、大抵の建築家が経験している日常的なことなのです。

冒頭で「小さなこと」と書きましたが、そう、たしかに小さなことです。要求内容を調整して設計し直し、図面を修正すればいいのですから。

しかし、作業は小さなことでも、それが日常化しているという状況の中に、看過できない深刻な広がりがあると言わなければなりません。しかも、その問題はこれから作ろうとする住宅の品質にも、直接関わる憂慮すべき問題です。

たとえば、値段を下げようとして無理をする。その無理からくる軋みや後遺症。値段を調整しながら設計するのと違って、一度完成した設計を安くするために直すということは、どうしても無理が生じます。そのために障害が発生することも無いとはいえません。時間とエネルギーのロスも馬鹿にはなりません。

工務店探しや工務店選びの中にも問題があります。

従来のように設計が終わってから施工者を探して選ぶというやり方に根本的な問題があると思います。つまりそこでは「価格を合わせる」という第一目的のために、値段が優先するということ。これは通常、入札や相見積という形で「安い工務店」を探す方法として行いますが、住宅の場合、工事費を競わせて価格を決めるということには違和感がありま す。デリケートな住宅には馴染みません。しかも、設計が先行して作られた図面に合わせて値段を下げなければならないということは、当然施工会社に無理が押しつけられます。その結果には目を瞑るしかありません。つまり無理を承知で工事を始めるということです。

従って従来是としてきた「設計・施工分離発注」を捨てて、設計者と施工者がはじめから組んで進める方式＝「デザインビルド」にすべきだと提案したいのです。

施工者を「悪者」としてきた仮想は、現実的ではありません。「設計・施工一括発注」で、共に同盟関係を組んで責任を持ってもらう方が現実的です。

もう見ていられない

なんとかしなきゃ

家を建てるなら
デザインビルドで

— 目次 —

第3章　より詳しく問題を掘り下げる

第1章

デザインビルドをめぐるQ＆A

デザインビルドとは何か？
このあまり聞き慣れない発注方式が
何故良いのか？
従来の「分離発注」が何故良くないのか？
いろいろな角度から
お薦めする「設計・施工一括発注」。
この方式が良い理由を
分かり易く解説しよう。

Q1 何故デザインビルドが良いのですか？

A

これまでは住宅を建てようとするとき、設計は設計事務所に、施工は工務店に、と別々に発注していました。それは「設計・施工分離発注」と言って、のぞましい発注の仕方だとされてきました。ところが今日の住宅建築を見ると、決して理想的な形通りに行われていないのが現実的な状況です。

後述しますが、むしろ「負」の問題を抱えているのです（＊1：68頁）。責任の所在とか、見積もり結果に意外な結果が出たとか、はじめての工務店には設計者の意志が通じ難いとか、問題はいろいろあります。そういう状況の下では良い家のできるはずはないのです。

とにかく施主にとっては、「結果的に良いことが第一」ですから、責任の所在が二つに分かれたり、目的を別々に持っているより、一本化して、デザイン（設計）とビルド（施工）を一括、込みで発注できる方式がのぞましいのです。

しかし、設計と施工は一体化しているわけではありません。両者がそれぞれ独立して対等な関係にあることが重要で、それを「デザインビルド」と言います。

Q 2 ハウスメーカーは一括で受けてくれますが……

A たしかにハウスメーカー（住宅会社）では設計も施工も両方を込みでやってくれます。しかし、正確に言うとハウスメーカーは「設計・施工一貫」で、「一括」とは違います。

通常のハウスメーカーは、社員として設計部員を抱えています。設計部員はその会社の社員として設計をし、その同じ会社が施工をする、というものなのです。つまりそれを「一括」とは区別して「設計・施工一貫」と言います。

「一貫」の場合は同じ会社の中で両方を行うので、上下関係もあり、設計者と施工者は必ずしも対等の関係であるとは限りません。しかも設計者は「株式会社」の一員として利潤追求という同じ方向を向かされています。

それに対して「一括」の方は、それぞれ独立した関係の設計者と施工者が対等の立場で、その建築に対して協同して仕事をし、共同して責任を負うというものです。これが「一貫」と「一括」の根本的な違いなのです。

Q3 何故「設計・施工一貫」が良くないのですか？

A 悪くはありません。竹中工務店とか大成建設とか大手のゼネコンは、この「設計・施工一貫」で立派に一流の建築を作っています。

ただ一般的に「設計・施工一貫」に反対する人は、「設計者は独立したフリーの立場でなければばならない」と言います。前問でも述べたように、施工会社（ハウスメーカーも含む）は基本的には株式会社で、利潤を上げることを目的としています。その中で一体となって設計するということは設計者の純粋性が保てない。つまり立場上フリーにはなれない、純粋に施主の代弁者にもなれないことがあるというのです。私もそれはあり得ると思います。

施工会社が株式会社である以上、何といっても利益の追求がすべてに優先しますから、利益とは矛盾する「家の理想的なあり方」の追求は二の次になるのではないか、ということです。悪い言い方をすると、「隙あらば儲けよう」が施工会社の本質ではないか。

これは施工業者「性悪説」ですが、場合によっては、そういうケースもあり得るということです。

Q4 どういうところに「分離発注」の問題があるのですか？

A 最近も、オリンピック施設の建設で「デザインビルド」が話題になっています。国交省を中心に国全体としては、必ずしもこれまでの「分離発注」にこだわる必要はない、という見解を持つようにもなりました。

公共建築の発注の仕方としては「公平を期す」という観点から、むしろ「分離発注」は正しいと思います。

しかしいずれにしても、これは公共建築の場合で、ここでは個人住宅に限って「今日の状況を見ると、分離発注にも問題がある」という立場です。「公平を期す」ということで、形ばかりの「分離発注」にこだわり、真に必要な要件がおろそかにされるようなら、この方式にこだわることはないと思います。

現状では、建築家が優秀だと認めるような工務店はそれほど多くありません。つまり、選べるというほど多くはありません。そして、個人住宅に「公平性」など必要ないということや、必ずしも「工務店性悪説」は正しくはないということなどを考えると、「分離発注」が最も良い発注方式だと肯定することは現実的ではないのです。

Q5 工事業者を入札（相見積）で決めるのはいけないのですか？

A

「分離発注」では、原則として施工業者の選定は入札または相見積をして決めるのが筋です。「入札」の意義は、公平を期し、価格競争をさせるために、また癒着を避けるために、あるいは馴れ合いの業者を避けるために行われるのが筋です。

しかし住宅は別です。既に述べたように、個人の住宅に公平性は不要です。「価格競争」は個人住宅には適切とは限りません（Q6参照）。リスクの心配もあります。

住宅建築の現状を見ると、雑誌などに出ている優秀な建築家たちの優れた住宅は、いつも同じ施工業者の手になっていることがけっこう多いのです。建築家は日頃からよく付き合う工務店を決めているものです。ですから、その都度、何社かで入札をして決めている建築家はあまり多くはないようです。同じ建築家が同じ施工業者を特命で使っている、ということになります。それが現状です。

さらに現実の話をすると、建築家が認める優秀な業者ほど、「入札はしない」「相見積ならやらない」というところが多いのです。

一般に、業者が入札に応じた場合、他社より少しでも安くしないと仕事は取れないので、かなり下職（協力業者）のランクを下げたり、工程などすべてで無理をします。それは後でマイナスになって響きます。

仕事に自信があって、適正価格で見積もるという業者、しかも他社と競って仕事を取らなくても仕事はあるという業者は入札を嫌います。もともと入札などに参加して無駄なエネルギーは使いません。

建築家もその都度、知らない業者を集めて入札することは好みません。普段から連合して、信頼し合った好ましい組み合わせ、「設計・施工一括」＝デザインビルドが良い理由はここにもあります。

入札したつもりでも
裏では情報が
ベタ漏れなんですけどね

Q 6 値段が適正か否かは設計者が判断してくれますか？

A 設計者が判断します。値段の問題だけなら、設計者は面積や長さを正確に測り、その時々の価格表と照らし合わせて判断できます。しかし設計者が適正価格を設定しても、業者の都合や事情によってはバラバラの価格を入れてきます。

それが入札の本来の意義による適正な価格競争なら問題ないのですが、潰れかかった会社がとりあえず仕事を動かすために超安値で取りにこられてはリスクが大きすぎます。

「適正価格に最も近い者」とする方法もありますが、なかなか理屈通りにはいきません。住宅は公共建築などの大きな建築と違って極めてデリケートだからです。設計図が同じなら「図面通りに作れば同じものができる」という簡単なものではなく、同じ図面でも業者によって仕上がりが違います。

入札をやって叩き合った値段ですと、普段付き合ったことのない知らない業者の施工はどうなるか不安です。正確には「見積書」の段階では判断できず、いくら監理をしっかりしても予測できないことがあるのです。そして限界もあります。住宅はデリケートですから。

設計者の本心は、できるだけ自分たちのやり方をよく知っている業者にやってもらいたいのです。日頃から連合形態にある施工者ですと安心なのです。

Q7 設計者と施工者はどちらが強い方が良いのですか？

A 本来は同じというのが理想でしょう。というより同じであるべきだ、というのが正しいでしょう。設計者は施主の希望をよく聞いて、予算通りに設計して図面を作り、施工業者に回す。施工業者は適正価格で見積もって施工する。設計者と施工業者がそれぞれ同じように実力を持っていて、互いに相手の立場を尊重していれば、上下も強弱もないはずです。

しかし実際には、設計者と施工者、強弱はあるのです（＊2：70頁）。ではどちらが強い方が良いか？　一見、施主の側に立って施工業者の儲け本位を見張ってくれるという理由で、施工業者より設計者が強い方が良いと思うかもしれません。これは先に述べたように「施工業者性悪説」によるものですが、とにかく施工業者より強い設計者の場合の方がなにかにつけて良いと思うのでしょう。しかし話はそう簡単ではありません。

設計者が経験もあり実力も十分あれば良いのですが、今日の設計事務所はそんなところばかりとは限りません。経験も実力も不十分なのに、何かの理由で設計者が施工業者より上の立場、つまり強い立場にいると、施工上問題があるような設計の場合でも、施工者の助言や忠告を無視して、押さえつけ、自己主張するかもしれません。自分のデザインを通そうとするのです。

そういう施工者泣かせの設計者はよくいます。特に「親分」のところから独立したての若い建築家に、往々にして見られます。

設計者にわがままを言われても、施工者は自分たちの施工上の不安と不満を抑えて「強い設計者」に従います。しかし、後で問題が生じても施工者は面倒を見てくれないばかりか、「だから言ったじゃないか」と逃げないとも限りません。責任のなすり合いは施主にとっては迷惑な話です。

では施工業者の方が強いとどうか？　これも良いことはないのです。施工の都合に合わせて作るだけでは決して良い建築はできません。やはり良いバランスで一体に組んでいることがのぞましいのです。お互いに知恵を出し合い、蓄積した経験や情報を生かし、利用し合って共働すべきです。

Q8 では、どちらを重視すべきですか？

A 一般的な「設計・施工分離発注」の場合、繰り返しになりますが、設計者は施主の味方に付いていてくれて、「株式会社」つまり利潤追求を目的とする施工会社を見張ってくれる、と考えるようです。ですから設計者を先に訪ね、設計者から施工者に仕事を「やる」という立場になれば、設計者の方が強い立場がとれるのではないか。

これには一理ありますし、そういう面はたしかにあるでしょう。しかしこれについては前問で説明したように、一概に設計者が強い方が良いとは言えないのです。

設計内容と工事費とが適正である場合は問題ないのですが、予算に相当無理があったりすると、非常な負担を強いて施工をしてもらわなければなりません。大抵はそうなのですが、そうなると仕事を持って行って恩に着せて優位に立とうとしても、逆になるのです。

つまり施工会社に「やらせてやる」という立場が逆転して、「やってもらう」という立場になることもめずらしくありません。業者の質を落とすより、何とかこの業者でやってもらいたいということもあるので、そういう時は、現実的には設計者がけっこう弱い立場になることもあるのです。

また、設計者が普段その施工会社から仕事をもらっている場合には、負い目は避けられません。つまり、いろんな状況や立場があって、設計者を先に訪れ、施工業者に仕事を「やる」といっても、上の立場に立つとは限りません。設計者を重視したつもりでも安心とは言えないこともあるのです。

大切なことは、設計者と施工者が信頼し合って対等であること。そして施主も双方を平等に、正当に信頼し尊重できること、これが理想的な関係であるといえるでしょう。

普段の付き合いが「不純」であったり、付き合いが無いのに、その時になって組み合わされた関係では、なかなかいいコンビは組めないというのが現実ではないでしょうか。やはり、普段から組んで信頼し合い、共に研鑽し合っている関係がのぞましいと言えるでしょう。

以上のことを考えてみると、施主にとってはどちらも大切で、どちらも重視すべき存在といえるでしょう。

Q 9 見積もりがオーバーすることはマイナスですか？

A

マイナスです。設計者は施主の注文が多すぎると、途中で無理ですと忠告しますが、実際に工事をする工務店の見積もりを見たがるのが施主の人情で、とりあえず希望、要望を出して、工務店の見積もりを見ないと気がすまないようです。そして、業者が出してきた見積もりがかなりオーバーしているのを実際に見てから慌てます。設計者にとっても迷惑な話です。見積もりオーバーはしない方が良いのです（＊3：71頁）。

オーバーの度合いによっては調整や少々の変更をしても限界があります（＊4：77頁）。そこで工務店を変えて工務店自体のレベルを落とし、予算を叩かなければならなくなります。必ず質は落ち無理が生じます。

安かろう悪かろうを防ぐために、やむなく大幅な設計変更をして、図面を描き直します。それは、まともな設計のエネルギーを減少させてしまうことを意味します。

その点からも「設計・施工一括発注」を提案したいのです。途中の段階から実際に工事をする施工者の見積もりを確認しながら進めることができて、時間の無駄も労力の無駄も省けるからです。

Q10 契約はどこと結ぶのですか？

A 普通は、設計者は「設計・監理契約」を、工務店は「工事契約」を、施主とそれぞれ別々に結びます。それぞれの条件と責任が違うからです。しかし施主にとっては責任分担などと関係なく、とにかく「込み」で保証がほしいのが本音です。

万一その建築にトラブルが生じても、一体誰の責任であるのか、設計が悪いのかそれとも施工が悪いのか、専門家ですら判定の難しいことがあります。ましてや施主にとってはどちらでもいいことで、とにかく直してほしいというのが心理でしょう。

「デザインビルド」は、これらを一本化したものです。一つの組織として責任をもって、「契約」を結ぶことになります。しかし今日の法律や保険制度はまだそれに追いついていないので、設計の保険や施工の保険をそれぞれが利用するためには、従来通りの契約を結ばなければなりません。そしてさらに「デザインビルド」としての一本化した「契約」や

「覚書」など、施主に関係のない保険制度とは別に、特別な取り決めを結んで、一括して責任を負う形になると思います。

Q 11 メンテナンスや完成後のトラブルは誰の責任？

A 前問の繰り返しになりますが、たとえば数年後に瑕疵が見つかったりすると、設計の不具合から起こったことなのか、施工の仕方が原因で起こったことなのか、場合によっては原因の究明が難しいことがあり、判定は容易ではありません（＊5：81頁）。勿論それぞれの契約書には一応記してありますが、実際に起こってしまった問題の原因は数年経つと、簡単には分からないことがあります。

また、塗装やコーキングシールの劣化など、施主が当然行わなければならないメンテナンスなども、設計者の公正な目から助言する必要があるでしょう。工事の劣化は施工業者の領分だからと、施工業者に任せておくのではなく、設計、施工が一体となってメンテナンスにも注意を払う必要があるのです。「デザインビルド」では窓口を一本化し、責任は一体として負う、住宅の将来は一体になって守るのがのぞましいやり方です。

メリット、デメリットをまとめてみると

☑メリット

１：責任体制の一本化　その住宅に関してのすべての責任は「デザインビルド組織体」の責任となり、問題ごとに責任の所在をめぐってもめることが無くなります。

２：工事費の裏付け　設計が終わって見積もりを取ってみたら、予算の倍近くになっていたなどということが無くなります。常に設計と並行して工事業者の見積もりが取れているので、予算結果の不安が無くなります。

３：時間（工期）の節約　前項の「見積もりが並行して行われる」ことにより、見積もり期間の短縮につながります。準備期間も三、四週間は短縮できるでしょう。

４：施工者の技術的ノウハウの活用　施工者がもっている独自の技術や経験を設計に生かすことができるようになります。

☑問題点

施工者の都合に合わせた設計にならないかとか、施工者の不正をチェックできなくなるのではないかという、これまでの「工務店性悪説」の概念を払しょくできるかにかかっています。

第2章

家づくり、現状を見る

一言では言えない、
いろいろな家がある。いろいろな人がいる。
建築家もピンキリだ。工務店もピンキリだ。
「分離発注」を是としてきたが、
現状は癒着もあれば馴れ合いもある。
工務店に頭の上がらない建築士もいれば
少しでも儲けを狙う工務店もあり
少しでも値切ろうとする施主もいて、
現状はぐちゃぐちゃだ。
だから「デザインビルド」という新しい発注方式を推奨します。

住宅を三つに分ける

住宅にはいろいろな違いがあるのは言うまでもありませんが、私は大きく次のように分けています。ＡＢＣの三つです。

まず「Ａ」。これはアートのＡです。ある種の住宅をアートとして区別すると分かりやすい、そういう住宅を指します。それを作っている建築家たちは、とんでもない、私は「建築」を作っているのだ、と言うでしょうが、強引に「Ａ」グループとして区別します。

次は「Ｂ」。これはビジネスのＢです。ここでは実務が主軸です。施主の要求に対して誠実に応え、むやみに個性を主張することを抑えて、施主が喜んでくれることを最大の目的として作られた住宅です。

次は「Ｃ」。これはコジャレのＣです。建築があまりにも実用的であったら、それはそれでつまらない。少しは洒落っ気があって夢のあるデザインがほしい。その要求に応えようとする住宅です。

実はその三つに新しく「D」という四つ目を提案するのがこの本の目的なのです。これは形に関しては「Ｂ」+「Ｃ」、つまり「Ｂ」と「Ｃ」の両方の要素をもった住宅ですが、作り方が異なります。従来の「A」「B」「C」で行われていた問題の多いやり方を変えて、「これからの家づくり」にもとづいて作られる住宅です。そう、住宅建築の現状には問題が多すぎます。

つまり「A」「B」「C」はいろいろ問題があるので、その実態をよく説明して、これからの作り方「D」を推奨しようと考え出したものです。

A「アート」としての住宅

まず「A」から説明します。

建築には芸術的側面があることは誰しも認めるところですが、住宅についても、このアートの側面を大きく持つものがあります。ここでアートの定義をしなければなりませんが、それは飛ばして実際の話をします。

アートとしての住宅には「ただただ美しいというもの」もあれば、「素晴らしい感動的な空間の家」もあります。「実に独創的で個性的で他の人には真似のできない魅力的な家」もあれば、「社会や技術に対する批判や思想を持って、新しい提案をする家」もあり、挙げればきりがありません。

しかし、とにかくそういう類いの家で、いわゆる雑誌に取り上げられて話題になる家、しかもその雑誌は主婦向けや普通の人が読む一般誌ではなく専門誌です。

アートとしての住宅と他の住宅との違いは、問題意識があるかないか、つまり生活、家族、社会、都市、技術、造形などに自分の理念をきちんと持っていて、それが表明できているか、批判の精神があるかといった点です。一般の人があまり気安く取り組めないようなものといってもいいでしょう。

ところが近年というか、否、もう大分前から、そうした一般と乖離したものはもう古い、普通の人にも好まれる家でいいじゃあないかという動きもあって、住宅は、一見ずっと身近なものになったような気もします。しかし私はそれでも、その中にも「A」に分けられる家がある、という立場をとっています。

これにあまりこだわると話が進まないので、何が言いたいかだけを書くと、「A」の住宅はリスクを覚悟する必要があるということです。それに耐えられる人だけが「A」を選ぶ資格があると言いたいのです。

中庭を通ってトイレに行く

たとえば、有名な建築家安藤忠雄が設計した住宅が、大阪の下町、住吉にありました。二十坪足らずの小さな敷地に、コンクリート打ち放しの二階建て、「住吉の長屋」という題をつけた住宅です。中庭（光庭）があるので延べ面積も二十坪くらいです。

「アート」というくらいですから、さぞ立派な豪邸と思われるかも知れませんが、そこが実は面白いところです。

周辺の長屋群と同じように隣地いっぱいに建てられています。ところがその家は寝室と子供部屋が二階にあって、トイレは一階に一つだけ。ですからトイレには、いったん中庭（光庭）に出て、外の階段を下りて行かなければなりません。中庭には屋根が無いので雨の日は濡れます。雪の日もあるでしょう。

安藤忠雄は「今日、世の中は便利になって寒ければ暖房、暑ければ冷房、快適過ぎる。自然の感覚を忘れている」と現代人の快適さに慣らされた生活を批判し、この「不便さ」こそ人間が取り戻さなければならない感覚である、と説明していたと記憶しています。

アートに付いていける人

言うことは分かりますが、そう言われても、夜中に外階段を濡れながらトイレに行くなんて、私にはできません。というよりイヤです。自然を感じろと言うなら、「自然」を感じる他の方法を選びます。便利さに麻痺している感覚を反省しろと言うなら、たまにはキャンプに行って、日常の便利さに感謝します。

安藤忠雄の講演を聴いたことがあります。彼が建てた家について「施主が寒いというからその施主に言いました。一枚余計に着て下さいと。そうしたらまだ寒いというから、もう一枚余計に着て下さいと言いました。そうしたらまだ寒いというので、安い家だから我慢して下さいと言いました」と。ここで聴衆はどっと笑います。

私は顔が引きつって笑えませんでした。私が施主にそんなことを言ったら「ちゃぶ台」をひっくり返されるか、内容証明付きの手紙が来るでしょう。ちなみにこの「住吉の長屋」は多くの賞を取りました。（私の言う）「A」だからです。しかも優れた「A」だからです。「日本建築学会賞」も受賞しました。

話はそれますが、「日本建築学会」というところでは、住宅の機能性、利便性、性能について様々な研究が行われており、そういう主旨に添う論文を書いている学者が大勢います。ところが建築作品となると自分たちの研究に真っ向から反対するものでも異論は出しません。この受賞に対して公に反対が出たという話は聞きませんでした。「アート」だからでしょう。

いろいろな賞の中で、何かの受賞の時、長老の審査員の一人が「施主に賞を出すべきだ」と言ったとか。蓋し、名言です。

近年まで住んでおられたと聞きましたから、一九七六年から三十年以上居住したことになり、「アート」に住む資格がある人の中でも優等生、希少な方だと思います。

家というものは便利で使い良く、冬は暖かく夏は涼しくなどという人は、近づく資格もありません。

B ビジネスによって作られた住宅

次は「B」です。ビジネスのBです。これは毎年何十万戸と作られている、最も一般的な普通の住宅です（＊６：82頁）。住宅設計を「ビジネス」と割り切っている建築士が設計しています。

彼らは自らをプロと自覚し、むしろ「A」のように「好きなことをやっている建築家」や、問題を起こしている建築家を軽蔑し批判し無視しようとしている人たちといっても良いでしょう。決して無理はしないし、我を一方的に通すようなことはしません。プロに徹して私情を挟まず、客観的に正しいといわれることだけで作ろうとしています。

がしかし、本当にそんなことができるでしょうか？　それで設計事務所が成り立つのでしょうか？　それが完全にできるなら、家というものに夢や希望を抱かず、「便利で安全で経済的でありさえすれば結構」という施主にはこと足りるはずです。

ところが話はそう簡単ではありません。

設計はそんなに割り切れない

そもそも設計というものは、そんなに理屈通りにはできません。本当に無駄のない経済性と、合理的な構造と材料の使い方、理にかなった形態や機能的な生活の提案など、教科書に書いてある通りにはいきません。正解などないといってもいいでしょう。

たとえば、屋根材一つとっても、限りない製品の中から選択するのは容易ではありません。「最も値段が安いもの」という条件なら決めることはできます。耐久性や耐候性あるいは耐火性、室内での音の問題、荷重など構造的な問題、そしてデザイン性等々、すべてを満点で満たすものはありません。条件を一つに絞らないとベストを選べないのです。

どういう条件で絞るか、つまり優先順位は設計士が最終的には決めなければなりません。それには正解がないので、設計士の判断次第です。つまり設計士は「プロだから」といって、「個人の考え」を挟まないということは、すべての判断ができないことで、設計は成り立ちません。

設計士はそこに力量を発揮しなければならないのですが、純粋にそれを通していくことができない現状が、実は問題なのです。

なかなかひっかからないホームページ

そういう建築士たちは我を通すようなことがないので、個性的ではありません。一方、建築家の個性や特徴を求めて探しているような客や、「良い家」はイコール「素敵な家」だと思っている客は、地味な宣伝や地味なホームページにはなかなか引っかかってくれません（＊7：84頁）。

彼らは、建築を消極的に考える建築士たちで、作るものも性格も地味なので、宣伝もアッピールも下手です。なかなか客が付きません。つまり自分でうまく仕事を取ることができないのです。中には地道にホームページを作って、かろうじて食べていくだけの仕事を確保している人もいますが、ほとんどの設計士たちは、どうしても何か仕事の入るルートを持っていないと仕事がありません。

工務店から仕事をもらう設計者

仕事が自分ではなかなか取れない建築士たちは、工務店から回してもらうことになります。それが問題なのです。

まだ日本には、棟梁が普請を請け負っていた昔の名残があります。家を建てるときは大工に依頼するのが当たり前と思って、工務店に直接相談する人が多いのです。少しは洒落っ気のある家を求める人でも、建築事務所を訪ねるより気安いのか、工務店に相談に行く人が少なくありません。

工務店に行けば知り合いの建築士がいるだろうから、そこと組んでやってもらえると思うのでしょう。建築事務所に直接行くのは不安のようです。

本音は別にあるのかもしれません。建築事務所に直接行くと、設計料をまともに取られるかもしれない。工務店と込みにして、設計料を単独に払わないで済むようにしたいと思うのかもしれません。設計料をまともに払うのはもったいない。それが本音だと思います（＊8：85頁）。

すると工務店は、普段から付き合っている設計士を二人や三人は知っているので、そこに仕事を回します。仕事にありつけない建築士にとっては有難いことです。

当然その工事は仕事を回してくれた工務店にしてもらわなければなりません。設計料も施主からは直接もらわず、工務店がうまく隠して、設計者に払うというところもあります。

仕事をやった工務店と、仕事をもらった建築士はどういう関係になるか？　設計士はフリーでなければならないのに、「仕事をもらって、助かっている」という大きな要素が加わります。それが引け目となって、あまり強いことが言えなくなりはしないでしょうか。

工務店から仕事をもらわないと
やっていけないんです
勿論頭は上がらなくなりますけどね

無難な解決、施主のため？

また彼らは、仕事を失いたくないので、一度つかんだ施主は必死で逃がさないようにします。言うことをよく聞いてくれます。好ましい提案も施主の抵抗にあうと、無理に押しません。というより、施主が喜ぶことだけが最良の設計と思っていますから、とにかく忠実に言うことを聞こうとします。従って、設計者から思いもよらない提案を期待しようとする施主には物足りないかもしれません。

一方、融通も利きません。もっと他に方法はあるだろう、と思う場合も、かたくなに自分が知っていることだけを守ろうとしがちです。

絶対たる優先事項は、構造と法律と予算です。これは当然でしょう。が、建築設計とはおもしろいもので、何か解決しなければならないことも、ああもできる、こうもできるといろいろな方法や工夫があるものですが、残念ながら「Ｂ」の建築士たちは最も一般的な普通の解法しか提示しません。というより案が出てきません。リスクを恐れて、怖いのかもしれません。周りから見ていて「こうすればよかったのに」と思えても、本人は眼中にないのです。

施主が気の毒なこともあります。よく「どうしてこうしなかったのですか？」と施主に聞くと「設計士の先生ができないって言うものだから」という答え。ちょっとした工夫次第で「絶対たる優先事項」も他のやり方や、乗り越えられる方法があるのに、決して無理はしないし、気付こうともしません。無理をしないことが施主のため、否、ビジネスだからと思っているのでしょう。

ハウスメーカーの住宅

「B」の中には、いわゆる「ハウスメーカー」といわれるところの住宅もあります。数の上では、今日の住宅で最も多いようです。中には、テーマソングなどを作って、ブランド力を高めているところもあります。内外装はかなり洒落ています。表面的には後述する「C」と「B」の中間といっても良いでしょうか。

ただしメーカーによって様々です。何が様々かというと、すべてが様々なのです。まず建物そのもの、つまりメーカーによって「売り」が違います。

デザインの違いは言うまでもありません。「省エネ」との取り組み方、「耐震」に対する取り組み方、そして価格、ローンの問題等、実に様々です。

レベルもピンからキリまであります。ＴＶなどで大々的に宣伝している「ブランド」的な住宅もあれば、聞いたこともないようなメーカーまであります。新築中の現場で大きなシートにエコを売り物にしていたり、耐震性を売り物にして、「〇〇ハウス」とか名前をつけているメーカーもあります。

この「ハウスメーカー」というものは初めにも述べたように、「設計・施工一貫」、つまり同じ会社の中に設計部門と施工部門があって、すべてを込みで請け負う。そして大抵は営業の発言力が最も強く、すべてが営業の統率やコントロールのもとで進められます。

たとえば、設計事務所では、建築士が施主と直接会って、専門的な説明をしたり、施主の希望を建築的に整理しながら形にします。ところがハウスメーカーでは必ず、営業が立ち会い、営業の主導のもとに施主と設計担当者との打ち合わせをします。メーカーによっては施主との打ち合わせは営業が行い、それを持ち帰って設計担当者に指示して図面を描かせるという会社もめずらしくありません。地方では当たり前のようです。設計者はそれでよく平気だと不思議に思うくらいです。また、設計内容には、ほとんどその会社の標準仕様やデザイン基準があって、その組み合わせの中でしかできません。それが売りなのですから（＊9：86頁）。

「建て売り」と「売り建て」の家は

土地と家とを抱き合わせで販売するやり方に、「建て売り」と「売り建て」という二通りがあります。不動産屋があらかじめ家を建ててから売りに出すものが「建て売り」。更地で売って、その後に同じ不動産屋の指定する工務店と建築士に建てさせるのが「売り建て」で、そうした家を設計するのも「B」の建築士です。

断っておきますが、ここでいう「不動産屋」は、地元や中小規模のいわゆる不動産屋のことです。最近、名前は「○○不動産」でも「総合商社」のように大規模で、それこそ土地から家具内装まですべてを扱うところがありますが、ここでは外します。

前者、つまり先に家を建てておいて客を探す「建て売り」の場合、一般的にどんな家が売れるか、不動産屋は経験でよく知っています。ですから不動産屋はいろんな条件を建築士に出して設計させ、工務店には精一杯値引きをさせて（＊10：88頁）建てさせます。

とにかく売れそうな間取りと金のかからない形で建築士に図面を引かせるのです。間取りは不便でもいいから金のかからないように作ります。

住んでからでないと分からないことには金をかけないのが肝心で、経験上、一般の人が喜びそうな装飾を知っていますから、どんな安物でもいい、見た目に豪華な装飾的なデザインで飾ります。そうすれば売れるからです。

後者「売り立て」の場合。一応、土地が幾らで家の値段が幾らと分けて提示されます。ただし、家に関しては「標準」内容が決められていて、それから少しでもはずれるとオプションとなり、別途に費用が加算されます。しかもその「標準」の表示はかなりいい加減で、不動産屋のペースになる場合が多いので気を付けなくてはなりません。不動産屋お抱えの設計士が親身になって施主に協力してくれるかどうかも疑問です。

本来、設計というものは予算に従って、建築士が完全にフリーな立場で、施主と向かい合って行うものですが、不動産屋からもらった仕事では、不動産屋の指示を無視するわけにはいかないでしょう。不動産屋は儲けなければなりません。隙があれば儲けようとします。

そういうところに付いている工務店も同じです。予算は不動産屋が圧力をかけてきますから、設計者に勝手なことをされたのでは商売になりません。そこには「負」の連携が生まれて、貧乏くじを引くのは施主だけです。

「B」といえども、良心のある建築士は、悪魔に魂を売る覚悟で耐えて図面を引きます。しかしいつのまにか、割り切ってそれに従うことがプロなのだと自分に言い聞かせるようになります。「プロ」とは食っていくために仕事をする人間だと、納得するようになるのです。

どこに問題があるかというと、「儲け本位」の不動産屋が中心となって、建築士と工務店を動かしているからです。いくら「すべて込み」が良いといっても、根本的に問題があり過ぎです。いくらビジネスに徹した建築士でも、良心を捨てて食べるために走られては、良い住宅はできません。

C　コジャレた住宅

次は「C」です。コジャレた住宅です。

近年、若い人たちの生活は、実に洒落ていて大胆でカッコいいと思います。雑誌『カーサ ブルータス』や『ペン』などで紹介される生活は、いわゆる生活臭もなく、遊び心がそのまま暮らしになっているようです。

ガラス張りや開けっ放しのバスルーム、庭のテラスがそのままリビングルームになっているような生活空間があります。まるで自分たちは齢を取らないような、いつまでも物は増えないような、子供はいつまでも子供であるような、隣近所はいつまでもみな友達のような、そんな感じの素敵な空間です。まるでテレビドラマのセットのようにコジャレて作られています。

そういう家を紹介する雑誌も、今では専門誌や一般的なファッション誌との境目が昔のようにははっきりしなくなり、大胆にデザインされた住宅を載せています。

昔は『新建築』などの「専門誌」と、『ニューハウス』などの「一般誌」には歴然とした差異がありました。「専門誌」の大胆なデザインに対して「一般誌」は何となく野暮ったさがあって、大衆が安心するような家が載っていたものです。あえて言うなら、「専門誌」が「A」を、「一般誌」が「B」を扱っているようでした。

ところがその差が次第になくなり、どちらがどちらに近づいたというより、その境目がなくなって混ざり合ってしまったという方が適当かと思いますが、とにかく一見その差はなくなりました。そこに「C」が現れました。

もともと「B」の部類にいて、それでもいつかは「A」のような建築をやりたいと思っていた建築士。施主の方で「変わった家」や「カッコいい家」を求めるようになったので、それなら「私だってできるさ」ということで、「A」を向き始めた設計者が増えたのです。

しかし本物の「A」のようなレベルには届かないし武装もできていない。「ナンチャッテA」で満足している建築家たちが「C」の家を作るようになったといえそうです。

あるいはこうかもしれません。大学では「A」を教えられ、「A」を目指して大学は出たけれど、現実の社会は甘くはなかった。本物の「A」などやっている事務所はめったにない。食っていけないので「B」の事務所で我慢する。そして独立して、少しでも「カッコいい家を作ってほしい」という一般客が来たらチャンスとばかりに飛びつく、そう、チャンスの「C」かもしれません。

中には「自分は『A』である」と勘違いしている人もいますが、それはそれで幸せというしかないでしょう。

「A」を狙う建築家たち

コジャレたデザインは「A」ではないのです。「A」を目指した若い建築家が多いのは事実ですが「A」ほど肝がすわっていません。また、自分は「A」だと勘違いしている建築家も少なくありません。それはそれで一向に構わないのですが。

「C」の建築家たちは、やはり自分たちはプロだからという意識は持っていて、少しは現実的な中で、施主とうまくやっていこうと努力もしています。そしてチャンスがあれば話題になるようなものを作って、「A」のように建築界で話題になりたいと思う人もいます。その意欲と熱意と勇気が気に入って、そういう建築家に頼みたいという施主が増えました。

若い施主たちは、そこそこ雑誌などで有名になっている建築家に憧れて、自分も雑誌に出るような家を作ってもらいたいという夢を抱いて依頼します。そうなると益々若い建築家はファイトを湧かせ無理をするようになります。

無理とは、「予算オーバー」と、「施工の危うさと難しさ」に敢然と立ち向かうことを指します。「B」の項では、施主がわがままを言って予算がオーバーすると書きましたが、「C」では、施主のわがままプラス建築家の「『A』を作ってやろう」という意欲が予算オーバーにつながるのです。

なんか知らないけど、
勘違いしてる 建築家 ってどういうこと ?

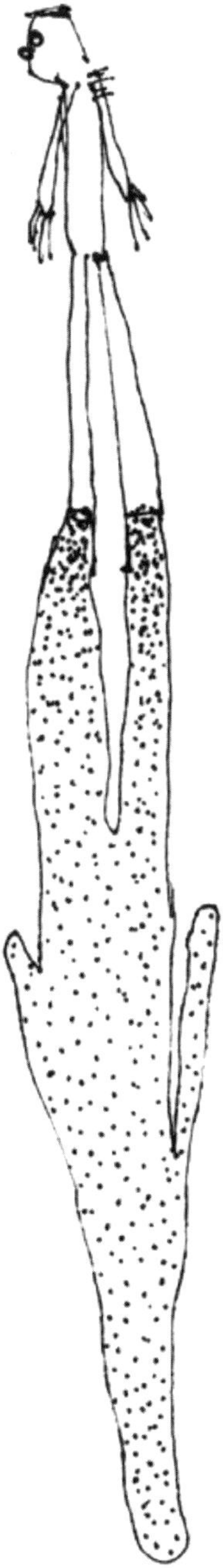

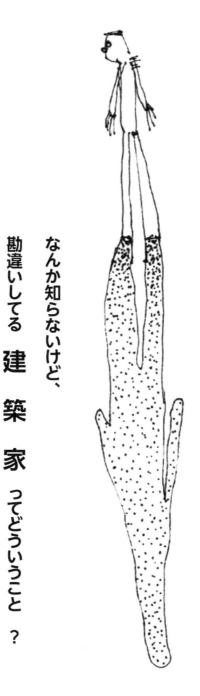

建築家の予算オーバー？

施主の要求で予算がオーバーするときは、施主に「無理です。オーバーします」と言えるのですが、建築家の意志による予算オーバーは施主のせいにはできず、なんとか建築家自身でやり繰りして解決しなければなりません。

「C」の建築家は、自分がやりたいこと（＊11：89頁）がどうしてもやりたいのです。施主の要望を、予算の枠と平凡な技術の中でやり繰りしているだけでは、単なる技術者にすぎません。そういう「B」のような建築士にはなりたくないのです。

そこで、そのオーバー分を施主に関係なく自分で繕わねばならず、工務店を猛烈に叩き、極限まで粘って調整することになります。なんとかやり繰りして、火の出るような努力で予算オーバーを収めようとします。

工務店も、この先生はいつも仕事を持ってきてくれるから、今回儲けはなくても、次に埋め合わせればいいと無理をしてくれます。

打算ばかりではなく、純粋に「建築家の仕事は面白いし遣り甲斐がある」という有難い工務店の社長もいます。ただし、こういう社長は例外中の例外で、どこにでもいるというものではありませんが。

工務店は、俗に「建築家の仕事を二割以上やると破たんする」と言われています。この場合の「建築家」とは「A」と「C」の建築家です。つまりまともな普通の設計の家が八軒に対して、建築家の仕事は二軒、それ以上建築家の家を引き受けていると、会社が潰れてしまう、という「格言」です。それを聞くと、工務店にとって建築家の仕事は決して儲けにはならない（＊12：90頁）、むしろ金銭的には損だと言わざるを得ません。

施工の無理は施主のためになるか？

予算のオーバーを施主に関係ないところでやり繰りしてくれるとは、まして工務店が儲けを度外視してやってくれるとは。施主にとってこんな有難いことはありません。文句を言う筋合いはありません。

ところが「施工の無理」は少々問題です。

「C」の建築家は、自分らしさを出そうとします。一般的な、常套手段で作ったのでは面白くないので、際どいこともやろうとします。コジャレたものを作るためです。「A」ほど大胆ではありませんが、目立つことをしようと思います。

それにはその建築家の言い分があるのです。雑誌でくどくど説明している建築家がいますが、まあそれは一般の人にはそれほど有難い「お説」ではないにしても、とにかく本人には大切なようです。建築家の書くものは難しいと言われていますが（＊13：93頁）、難しい言葉を使って自分の主張を発表したいものなのです。

しかも本人は大まじめですから、それを実行するために、施工的には無理でもやろうとします。何とか工務店にやらせよう（やってもらおう）とするのです。工務店も愚痴を言いながら「先生のためだから」と従います。特に「A」の建築家は、工務店にとって「あの先生の仕事をやった」と言えば、箔がつくし自慢にもなるので、無理をしてもやります。「C」の建築家もそこそこ雑誌などに出ていると工務店は無理をしてくれます。

それほどまでに無理をして、後々建物に影響が出なければいいのですが（＊14：95頁）。そんなとき、建築家の助けになるのがベテランの現場監督です。ベテランの監督は無謀にも近い指示をうまくこなして、建築家のやりたいことをよく理解し、危険を避けるようにカバーしてくれます。建築家にとっては神様のように有難い存在です。

しかしそういうベテランの優秀な監督は数多くいるわけではありません。建築家の間でもよく知られていて、工務店というよりその監督をわざわざ指名して、引っ張りだこになります。引く手あまたで要望に応じられないとき、そんなときどうするか。そこに問題があります。

コジャレた家もいいけれど、それも工務店次第、否、監督次第という危ない橋と言わざるを得ないのが現状です。

三つをまとめてみると

ここで「A」「B」「C」をまとめてみます。「A」は触れないことにして、実は「B」も「C」もそれぞれ存在意義はあって、アイデンティティを純粋に守れれば、価値のある仕事のできる建築士たちなのです。

それが「食うため」というどうしようもない現実のため、立場を純粋に守れず、工務店と不純で危うい関係を築いてしまい、自らの能力を発揮できないでいる。あるいは不本意な仕事の仕方をしている、と思えてなりません。

またコジャレたものを作ろうとする建築家も、施工者との正しい連携を忘れて工務店を叩くだけで自分を通そうとする。施工者の能力を曲げてでも主張を通そうとする。無理が生まれないはずがないのです。

Dそこで「D」という新しいタイプを薦めます

これまで見てきたように「設計・施工分離発注」と言いながら、形式上は分離していても、設計と施工の立場が純粋に守られているとは言えませんでした。仕事のやり取りでも実質的には負の関係があるというところに問題がある、ということを知っていただきたいのです。

そこで「D」を提案し推奨したいと思います。

「D」は「デザインビルド」の「D」です。

繰り返しになりますが、工務店が建築士に仕事をあげて、建築士はそれで食いつないでいるという現状。そこそこ有名になりマスコミにも登場する建築家は、工務店が広告塔にして宣伝に使う。そこからは、否応なく上下関係や歪んだ関係が生まれます。

勘違いした建築家の中には、自分がやりたいことがあると、甘えと「上位意識」で価格を叩き、施工では無理強いをして、対等で信頼し合うべき関係を損ねている人もいると思います。

「デザインビルド」はこうした負の状況から脱却したいという「消極的提案」ではありますが、「一貫」と「一括」の根本的な違いを認識し、肯定しなければならない「アソシエイツ（組織）」であると理解してください。これまで「デザインビルド（設計・施工一括）」を明快に謳った組織は多くはありませんが（＊15：98頁）、これからの進むべき方向だと予測し、提案もしたいと思うのです。

設計と施工、対等な関係で

まずこの組織の基本は、設計者と施工者が信頼し合える能力を持っていて、双方が対等な関係であるということです。それを統括して一つの「連合組織」を作り、自分の領域だけの利益のために、他に無理を強いたり侵入したりしない。

つまりどういうことかと言えば、これまで述べてきたように、施工者は施工の利益のために設計の内容に口出ししない。設計者は後々リスクが出るような不当な工事を施工者に押しつけない。あるいは予算的に不当な無理は押しつけない。双方が納得する施工を双方で見つける、という新しい関係の組織です。

施主が望む「とにかくどちらの責任だっていいから、良いものを望む」ということに応えるべく共同作業する組織です。設計と施工に上下も強弱もない「連合組織」です。

積算が並行して行われます

「D」では、設計とともに常に並行して見積もりが行われます。実際に工事をする業者の見積もりです。これまでも設計事務所でやらなければならない事柄でしたが、多くの設計事務所ではあまりやっていません。正直なところ、今日の設計料では、設計事務所で並行しながらきちんとした見積もりをする余裕がないというのが実態のようです。

建築士が勘で見積もりながら作業しているので、実施設計が終わって実際に施工する業者が見積もりをするまでは正確な数字は分かりませんでした。それも業者によって異なるので、工事をする業者が最終的に出す見積もりが実際のものになるのでした（＊16：99頁）。

先にも述べましたが、施主は実際に工事を行う業者の見積もりしか信用しなかったのですが、「D」では実際に工事をする業者が常に設計と並行して見積もるので、進めていく上で参考になるのです。そして実施設計が終わった時点で、ほとんど見積もりも終わっていますから、通常のようにさらに二、三週間かかるということがなく、時間の節約になります。

図面も簡易化できます

図面というものは、設計者と施工者の共通の約束事によって成り立ちます。「設計・施工分離発注」の場合は、原則として工事はどの業者が行うか決まっていないので、不特定の施工者を意識して、誰が見ても分かるように描きます。自明の点についても、どの業者にも平等に伝えるために簡易化や省略することはありません。

通常、木造住宅は少なくとも五十枚以上の図面が必要です。ただし、いつも使う共通の内容は、「共通事項」として毎回使います。

「D」では、あらかじめ連合体としての施工者と組んでいるので、「共通事項」や「共通記号」つまり図面上の決まり事はどんどん簡易化できます。約束事を決めて、明記しておくことにより、常にそれが使え、それですみます。

従って、通常図面制作に費やす膨大なエネルギーを他の、たとえば案を練ることや、工夫することに回せます。それは施主にとってもプラスです（＊17：100頁）。

肝心の内容は？

作り方はこれまでになかった新しいものだと説明してきましたが、内容の処理やデザインはどうでしょうか？　それらについては「B」と「C」を足して二で割ったといいましょうか、両方の性格をそなえた中間といいましょうか、両方の良い面を発揮できる建築家たちで構成されています。つまり、意識としてはプロ意識を持ち、「食べるため」に稼ぐという追いつめられた意識ではなく、設計内容に打ち込むことができる人たちです。それも創造性とか独自性とかは「A」に任せ、「D」では、先人が積み重ねてきた良いところを学び取って利用します。

予算は大切ですから、オーバーしないように設計途中でも忠告します。設計は「優先順位を決める作業」とも言えます。あれを通してこれを捨てるという選択を繰り返して理想に近づけます。

施主にも夢や希望があるでしょう。それらを無理をせず「C」の要素で満たします。建築家が工務店に無理やりやらせようとするような暴走は、両者がよく話し合い、納得できる解決策を見出すのです。

「C」の建築家が、施工の無理を強引に通さなければ「自分の思う本当のもの」ができないと思うのは間違っています。もし真剣に社会に対して建築のあるべき姿を求め、創造や独自性を作品として訴えようとするなら「A」を宣言すべきです。中途半端に「A」もどきで自己満足しているくらいなら、「B」+「C」=「D」に自信をもって身を置くべきです。

「デザインビルド」の提案は、設計と施工の双方が適切で妥当な技術の解決を見出して設計し施工することにあります。

保証はどうなるか?

通常、保証には、大きく分けて三つあります。設計に関するものと、工事に関するもの、完成して引き渡した後の保証の三つです。それぞれに契約を結びます。

これまでは設計に関しては設計事務所と、工事関係は工務店と、そして完成引き渡し後の保証は工務店と契約を結びました。

問題は完成後です。繰り返しになりますが、引き渡し後に何かトラブルがあったり、修理しなければならないことが発生すると、それが果たして施工者の問題なのか、それとも設計者の問題なのか判断しなければなりません。それによって責任をどちらが負うか、つまり費用がかかった場合、設計事務所が支払うのか、工務店が支払うのか判断する必要が生じます。

現実的に判断は非常に難しく、もめることが多々あります。たまに施主の責任ということもありますが（＊18：102頁）、もめるのはたいてい設計者と施工者です。施主に責任がない場合は、施主にとってはどちらでもいいからとにかく早く直してほしいというのが本音でしょう。

そこで「D」の場合です。完成引き渡し時の保証の契約は、設計・施工一括ですから、連名で一つの組織として施主に対応します。

しかし、今日ではまだ設計・施工分離を前提として、保険は設計者と施工者が別々に入っています。制度上やむを得ないので、設計者と施工者で話し合ってどちらの保険を使うかを決めることになりますが、施主は関与することはありません。

以上述べてきた「D」のメリットを整理しておきます。実は従来の進め方にはあまりにも負の問題点があるので、それに引き込まれないのがほんとうのメリットと言ってもいいと思います。一応「積極的メリット」を列挙すると次のようになります。

1　施工者が持っている施工上の技術を生かして設計することができる。
2　施工上の問題点や維持管理上の不安な要素のチェックができる。
3　設計段階から並行して工事費のチェックができる。
4　設計段階から施工準備ができ、日数の短縮ができる。

この他、専門的な細かいメリットがありますが、施主にとっても、「一括」は安心で便利なことが最大のメリットです。自動車などは「一括」で購入していますから、不思議なことではないはずです。

第3章

より詳しく問題を掘り下げる

１章と２章で触れたことに
もう少しこだわって説明します。
建築界の現状をここまで
一般の人に言ってしまっていいのか？
途中で何度も躊躇したことも
止めようと思ったこともあります。
書きながら知っている人を思い浮かべて
迷惑がかかるかもしれないと、
そういう思いで書いたこれが本当の現状です。

＊1　負の問題を抱えているのです

気を付けなければならない工務店のレベル

工務店はピンからキリまであるので、工事費も腕も、その他のレベルもバラバラです。安いという評判でうっかり頼むと、ろくな監督が来ないで、しかも大工や職人たちの腕が最低ということもあります。

まともな設計事務所の仕事はやったこともないような、建て売り専門の工務店に当たることもあります。知らないととんだ目に遭うことがあるのです。

不動産屋の建て売りの下請けばかりやっている業者も、仕事がないと、八方にアンテナを張って仕事を取ろうとします。施工業者の斡旋を仕事としている業者もあって、ほとんど無責任に紹介してくる場合があります。引っかからないよう注意しなければなりませんが、調査は簡単ではないし限度があります。そんな業者を入札に参加させて超安値で落札されては大変です。

建築家が頼む業者はいつも同じに

「分離発注」というのは、基本的には設計者とは直接の結びつきがない、つまり「癒着」していない工務店に公平に見積もりをさせ、最低価格を基準として決めるやり方ですが、それは建前であって、ただ安い金額を入れてきたから決めるというわけにはいきません。金額の他に、仕事の内容や質、過去の業績などを総合しなければならないのです。

しかし、それらに合格するような業者は、地域などの諸条件を入れて検討すると多くありません。ですから毎回幅広く比較などしていられないのです。しかも後で述べますが、住宅というものは大変デリケートで、はじめての業者は実際にやってみないと分からないことも多々あるので、自然にいつも頼む業者は固定し、付き合いも濃くなるのです。

個人の住宅は公共建築と違います。公平性は必要ありません。金額にしても、ただ価格を競って「最安値がベスト」などと言うのは無責任な形式論で、現実的には、設計と施工はいつも組んでいるのが現状です。入札などしても同じ地域なら設備業者やサッシ業者が重なってすぐばれるし、業者組合に入っていればみな顔馴染で、談合は当たり前。建前の「分離発注」など、ほとんど意味がないと言ってもいいでしょう。

＊2　設計者と施工者の強弱はあります

施工業者から仕事をもらう設計者の弱み

施工業者が設計者より強い立場にある最も多いケースは、設計者が施工業者からいつも仕事をもらっているという場合です。施工業者は施主から直接設計込みで依頼されることが多いので、自分で仕事が取れない設計者は、施工業者からの仕事を当てにして生活しているところがあります。

勿論、設計者の腕が良く、施工業者が「やってもらいたい」という場合もあり、そこは設計者が上になります。大抵は設計者が施工業者から仕事をもらっていて「やらせてもらっている」という弱みはぬぐえません。設計者の方はプライドがあるので、施工業者とは、精一杯親しげに、馴れ馴れしくして「対等」をアッピールしますが、どうしても引け目をぬぐいきれずにいるのです。

施工業者の方も、よほどの例外は別として、自分たちの要求や言い分を聞いてくれず

「設計の理想」を振り回すような設計者に仕事はやりません。都合よく言うことを聞いてくれる設計者に仕事をやらせるのです。

例外は、よほどのスター建築家や大物建築家で、後から宣伝に使えるような場合。それを目当てに依頼することもあります。

＊3　見積もりオーバーはしない方が良い？

超過大な要求は施主の心理

予算の中で「あれもしたい、これもしたい」と思う施主の心理はよく分かります。総額が決められている場合は「あれも入れなきゃ損、これも入れなきゃ損」になってしまいます。

大抵は「このくらいの広さで、三人家族で、主人の書斎と私の家事室を作って、木造二階建てで、三千万円でできるでしょうか？」というような話し合いから始まります。設計者は日頃の経験や、昨今の相場から「できるんじゃあないでしょうか」とあやふやな返事をします。

学校では、「そもそも『木造二階建て』などという具体的な構造や規模は施主から聞くのではなく、設計者自らが判断して、総合的な考えの中から導き出して提案するもの」と教えられたものです。しかし施主にそんなことが提案できるのは「A」の建築家たちで、普通は施主のこの与条件を前提にしてスタートします。

そして設計者は素早く想定します。このくらいの予算だと居間は十五畳から二十畳、寝室は十畳くらい、屋根はコロニアルにして外壁はサイディング等々。「エエ、できると思いますよ」と、まず仕事を引き受けることを優先して話を進めます。

曖昧にしないと施主は逃げていく

それを「いやあ、かなり厳しいとは思いますが、まあいろいろ条件を呑む覚悟ができていれば、できないこともないと思いますよ」などと正直な答えをして、「じゃあハウスメーカーの方にも行ってみようかしら」と言われてしまってはは大変。なんとか引き留めて仕事をものにしようと思うのが「A」以外の設計者の心理です。

しかも予算三千万円の中に、消費税は当然としても、設計監理料は含むのか別なのか、それすらも聞けない設計者はざらです。施主が本気で頼みに来たのか、それとも様子を見ながら相談したいのか分からない場合が多々あります。本気なら、必要要件の一覧表の用紙を出して記入しながら話を進めますが、大半は単に相談だけして、まあ様子によっては頼んでみようかしら、というあいまいな相談者が多いものです。

彼らに対して、記入用紙を出して「総工費はいくらですか？　消費税込みですか？　設計監理料は10％ですが予算の枠外でいいですか？」など詳細な質問をしようものなら、たちまち帰ってしまう。そんな施主がほとんどといっていい現状は、なんとも情けない話です。

相談する以上は、すべてを話してください。はじめに予算を言うと、実際はもっと安くできるものを、そんなにあるのかと思われるのは損だから、という心理が施主には働くようです。

予算が余ることなど絶対にない

大丈夫です。「貴方が考えている予算はどんな場合も絶対に安すぎることはあっても高いことはありません」と言っておきましょう。

さて、相談に来た施主をなんとかあいまいなまま引き留めて、やる気にさせたのはいいけれど、設計者の方もそれからが地獄の始まりです。

施主というものは、三千万円でできると言うと、少しでも要求を突っ込まなければ損と思うようです。設計者ははじめから三千万円は少々無理だが、「こうすればできないこともない」という考えがあるので、どんどん打ち込まれてくる要求の弾を受けながら、途中で何度も「いや、全室床暖房は無理ですよ」とか「そうすると予算オーバーになります」と忠告しますが、もう遅いのです。

施主は「先生はできると言ったんだから、工務店に見積もりを出してもらい、金額を見てから優先順位を決めましょうよ」と、完全に施主のペースにはまってしまいます。とにかく無理を承知で設計に要求を入れ、図面に書き込まなければなりません。

やっぱりオーバーして迷惑するのは建築家

見積もりの結果、予算オーバーで直さなければならないとき、それを図面から消去するだけでも時間のロスは膨大です。一つの変更でも図面の三、四枚を直さなければならない場合もあります。

直しの手間は誰が払うのか？　「だから途中で言ったじゃないか」と腹の中で抗議しつつ、設計者は泣きながら変更しています。そうした手間をまともな設計の方に注いでいればもっと良い家ができるのに……施主のわがままでオーバーした手間は、ほんとに無駄になるのです。施主にとっても。

予算は初めから
掛け値無しで正確に言わないと
設計の質が落ちますよ。

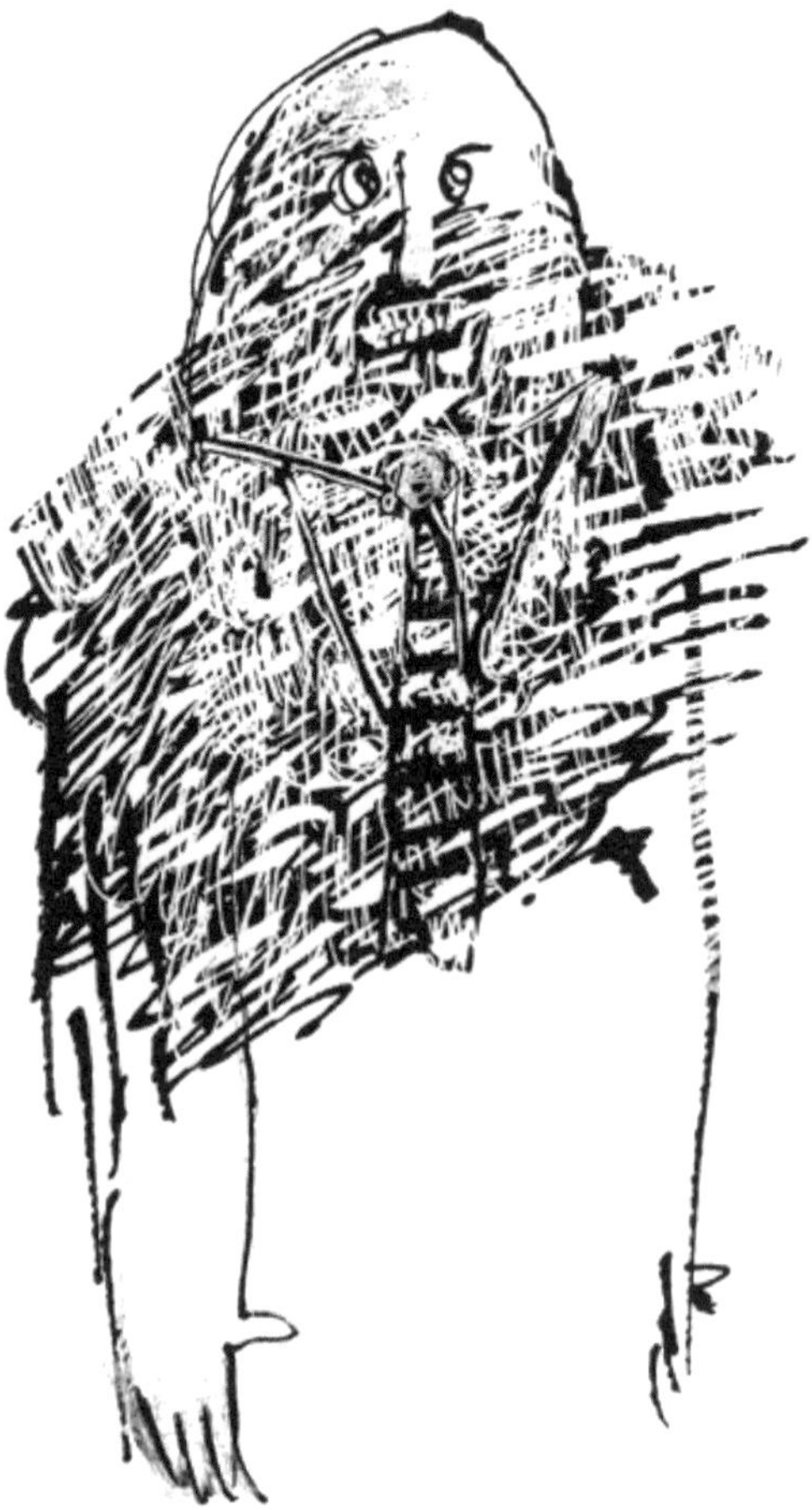

＊４　予算オーバーは調整しても限度があります

予算オーバーして値段を下げるとき

施工業者から上がってきた見積もりが予算オーバーしていると、いわゆるネゴ（ネゴシエーション）といって、値下げの交渉に入ります。

初めから吹っかける業者がいます。値切られたら「出精《しゅっせい》値引き」と言って、内容を何も変えずに、儲けを我慢して少なくするようなふりをする業者は要注意です。端数程度なら問題ないのですが、１％以上値引きしてくるような業者は、逆に危なくて信用できません。

正攻法と言いますか信用できる業者は、見積もりの内容を詳細に調べて、まず建築自体に影響がないようなところから削る作業をします。大変な作業です。千円でも二千円でも気が付いたところは削ります。リーズナブルな値引きは、値引きとは言わず見積もり調整と言います。

たとえば、「地鎮祭」などの祭礼を省略するとか、敷地の周囲を囲う養生シートのランクを下げるとかです。ゲートと呼ぶ出入りの門は職人が毎日フェンスを移動して帰るようにしたりと、とにかくギリギリのものに落とします。それらは出来上がる家そのものには影響ないからです。

次の見直しは、建築本体です。まずは、施主には関わりのないというか見分けにくい専門的な調整に入ります。それはどういうことか、ここではあえて言いません。信頼して任せてください。影響ないのですから。

どうしても値段が落ちないときが危ない

それでも予算までたどりつかないときは、建築本体の部品や材料の質を落とします。これは最も肝心なところなので、よく考えて協力するようにしてください。

たとえば、キッチンセットのランクを下げるとか、キッチンの床暖房をやめるかとか、リビングルームの床材のランクを下げるとか、階段の段板のランクを下げるとか、そういう選択が次々に出てきます。こういった類いの選択から見積もりの金額を下げて予算に近づけるのです。

建築の部品や材料のランクを下げても、限度は10％余り、15％は無理でしょう。そうなると、形態や面積、高さなどといった本体そのものの変更をしなければなりません。特に若い設計者は、施主と調子を合わせがちです。どんどん理想的なものを設計して、何とかなるだろうと現実から離れていくことがあります。常に実際に施工する人の予算チェックが必要なのはそのためです。

一般の分離発注の場合、それでも落ちないときは最後の手段、工務店を変えるのです。ランクが下の工務店にとにかく作ってくれと持ち込むやり方です。しかしここでは、それはタブーとしておきます。責任持てませんから。

建築家が　無理だ　と言ってるんだから
そんなに要求を詰め込んじゃあ　ダメですよ
信じられないなら　さっさと　分かれた方が良いですぜ

勿論　そこまでの設計料は払ってね

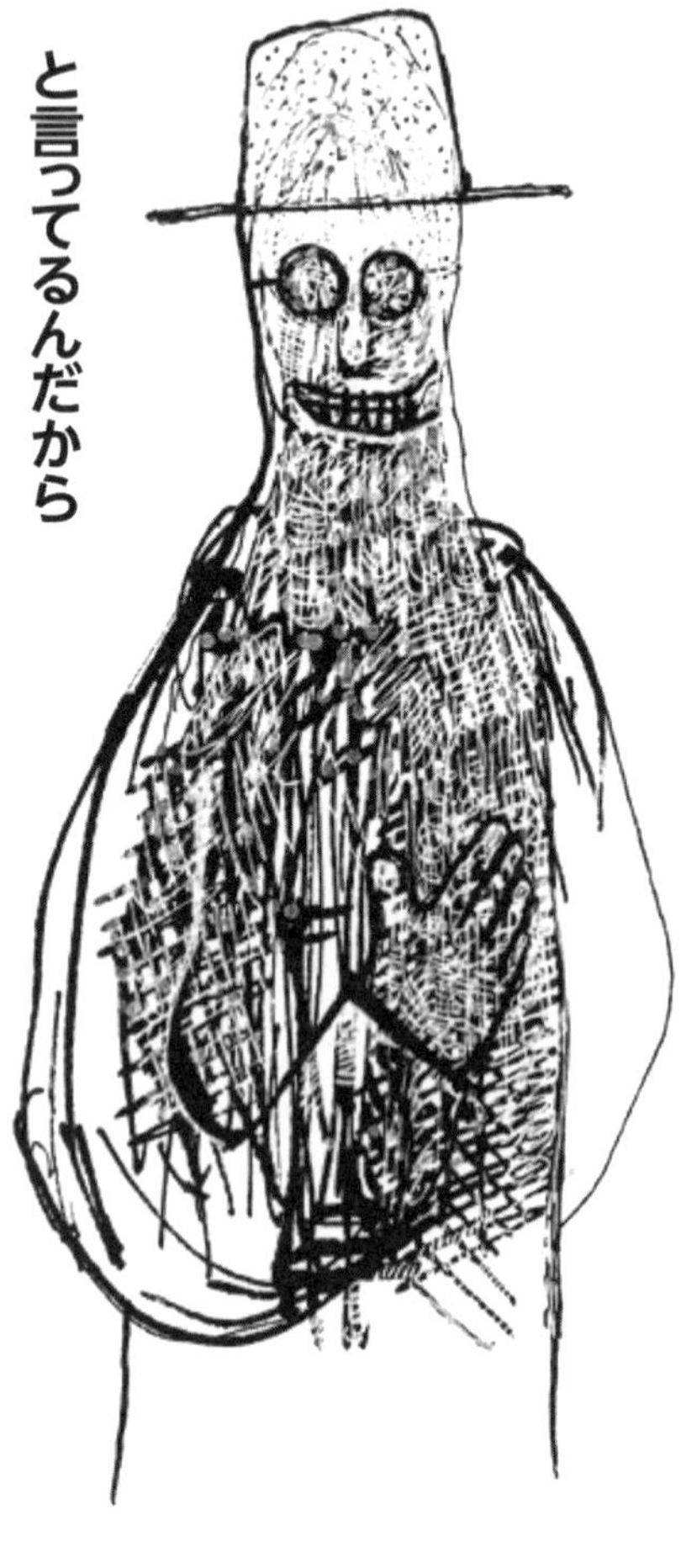

＊5　責任所在の判定は容易ではない

設計者が悪いのか？　施工者が悪いのか？

たとえば簡単な話、窓の下から雨が漏った、という場合。通常、窓の下には「水切り鉄板」というものを付けて、万一雨が入っても外に流し出すように作られています。それでも漏った、という場合、果たして何が問題なのか？　その鉄板の取り付け方が悪くて隙間ができて漏ったのか？　それとも「水切り」の形、つまり設計が悪かったのか？　判定をしなければなりません。

取り付け方やその後のシールが悪いときは施工者の責任、「水切り」が大きいと恰好が悪いのでなるべくすっきりさせようとして形を決めた、その形が悪くて雨を防ぎきれなかったということになると設計者の責任。実のところ分からないというのが現実です。

しかしどちらの責任であれ施主には関係なく、雨漏りを止めてほしいのです。工事をせずに両者がもめて責任の押しつけ合いをしているかぎり、迷惑するのは施主です。

＊6　一般的な普通の住宅

「B」の建築士が建てる一般的な家

ここ三、四十年で発展してきた極く一般的な住宅地を見ると、どの家もどの家も、一見デザインに気を使っているように映りますが、ほとんどが同じようなタイプの木造二階建ての、どこにでもある普通の家です。

屋根は、どの建材メーカーでも作っている「カラーベスト」の勾配屋根。外壁は様々ですが、よく見るとこれも一番普及している壁材の、いわゆる「サイディング」がほとんど。タイル張りや吹付風があっても模様の違いだけで実質的には同じです。中にはほんとうの塗り壁もありますが、オールタイル張りとか石張りの家はめったにありません。

これらは誰が作っているかというと、

一　大小のハウスメーカー。このハウスメーカーが「注文住宅」と称して、自社の用意するタイプの中から、ある程度施主の注文を聞きながら建てたもの。

二　工務店が個別に建てたもの。地元の工務店とは限らず、首都圏の場合は一時間以内なら近い方。

三　不動産屋が一軒から数軒まとめて建てて客に売ったもの。いわゆる「建て売り」、あるいは先に土地を売って、そこに建てさせる、いわゆる「売り建て」。

四　これはどこにでもあるというものではありませんが、ディベロッパーが広い土地を手に入れて、それを区画して売り、そこに何十軒、何百軒と同じような家を建てる「売り建て」もあります。

大方この四通りに分類できるでしょう。

これらの建築は設計士が設計し、「確認申請」を出して建てたものです。そうした建築士たちを、私は「Ｂ」の建築士たちと呼びます。

＊7　地味なホームページはなかなか引っかかってくれない

「B」の建築士たちのホームページは「B」?

設計者たちは都市で仕事をする以上、何らかの宣伝をしないと仕事は来ません。一般的には「ホームページ」を作って、インターネットで建築家を探している客に当たるのを期待しますが、なかなか容易ではありません。偶然ページを開いてくれたとしても、個性がない建築士たちはホームページの「デザイン」では目を引かず、それ以上のアプローチは期待できないのです。派手なパフォーマンスで人目を引くようなことはせず、誠実に自分の力と考え方を売り込もうと真面目なホームページを作った若い建築士が、一年間一軒も問い合わせがなかったと嘆いていました。

最近、建築家を紹介するサイトが増え、多くの建築士たちはいずれにも加入して宣伝の機会を広げています。「B」の建築士たちはホームページも「B」なのかもしれません。

＊8　設計料をまともに払うのはもったいない!?

医者の診療費を値切る人はいないでしょ？

いまだに設計料をまともに払うことが損とか、もったいないと思っている人がいるのは情けない状況です。よく、見える物品には払うが知的な価値のある行為には払わないと言われますが、そろそろそういう低次元の文化は卒業したいものです。そもそも、設計者も食べていかなければなりません。あくまでもビジネス、ボランティアではありません。

しかしそうした客の心理をよく読んで、異様に低い設計料を表示し、他より安いことを強調する住宅会社があったりします。工務店の中にも設計がいかにもサービスのように言うところがありますが、総額ではきちんと設計料を入れて採算は合わせているはずです。ですから単独で設計事務所に払うのと、総額では同じになっていると思った方がいいでしょう。

そもそも仕事欲しさに設計料を意味もなくダンピングする設計事務所なんて信用できますか？

＊9　ハウスメーカーは標準仕様、標準規格で建てます

それでいい人はどうぞハウスメーカーに行ってください

ハウスメーカーの良いところは、自分の会社の規格があって、それが揃っているために、一つひとつ「手作り」するより安価にできること、しかも展示場などで実物が確認できることでしょう（他にもあるかもしれないので直接営業の人に聞いてみてください）。従って、それで満足できればそれで良いでしょう。

ただ一つ言っておきたいのは、家というものはどんなに上部組織が立派でも、実際にたずさわる現場の人たち、つまり工務店の職人や現場監督、彼らが最も影響します。家の良い悪いを直接左右します。それがどうなっているのか、どんな人たちかを確認しましょう。

どんなに大きなハウスメーカーでも、どんなに有名な会社でも、現場の大工さんや左官屋さんは、普通の町場の工務店の一員です。工務店がハウスメーカーと特約を結んでいて、そのメーカーの仕事もするということです。

もう一つ注意しなければならないのは、価格の見方です。メーカーや展示場によって異なりますが、「総額幾ら・坪単価幾ら」と表示してあると、その金額で住めるようになると思うかもしれませんが、そうはいきません。

設計料や消費税は含まれているにしても、いちばんの落とし穴は、配管です。ガス、水道の配管で、金額もバカになりません。通常表示されている金額は家から出たところまで（せいぜい50～60センチ）で、あとは各自が負担しなければなりません。

そういう「含まれているか？」は膨大ですし、金額も場合によっては膨大になりますので、くれぐれもご注意を。単純に工務店の金額と比較して「安い」と判断するのは間違っています。

それにしても、あの超派手なコマーシャルの費用はどこから出ているのでしょうか？　広告を派手にして客を多く集めれば、それだけ安くできるとは羨ましい限りですが、やはり何か心配です。

＊10　工務店に精一杯値引きさせる？

値切って、手抜きをされる恐ろしさ

工務店の値引きは恐ろしいもので、やろうと思えば幾らでも質を落として安く作ることができます。たとえば床材にしても、十二ミリと十五ミリの違いは、作ってしまえば素人には分かりません。通常は設計図書にきちんと明記しますから、図面を見れば一目瞭然ですが、「建て売り」の家で、設計図書＝仕様書、仕上げ表、設計図面を何十枚も付けて売るという話は聞いたことがありません（勿論、付いていれば問題ありませんが）。

設計図書は三、四十坪の木造住宅で五十枚くらい描きます。それを見れば内容がすべて分かりますから、そっくり付いていれば、完成した後からでも判定できます。工事中の内部の記録写真があればなお結構ですが、それを付けて売る「建て売り」など聞いたことがありません。間違えてはいけないのは、「確認申請」書類にも三、四枚の図面が付きますが、それではありません。間違えないようにしてください。

ともあれ、「建て売り」の場合は不動産よりなにより、実際に工事をした工務店がすべてのカギを握ります。建築士が、どこまで真剣に監理をしてくれたか、不動産屋から値切られた設計料で、果たしてどこまで真剣に監理してくれたか。不明な点は多々発生します。

＊11　建築家のやりたいこと

建築家の遣り甲斐は認めてください

よく、「建築家は自分の作品を作ろうとして勝手なことをする。こちらの言うことを聞いてくれない」と不満や不安を言う人がいると耳にします。たしかに施主の思惑や好みと違うことをするケースはあるかもしれません。しかしそれには大小があって、「大」は「Ａ」、「小」は「Ｃ」の建築家と言っていいかもしれません。

ですからそういう不安を抱く人は「Ａ」には近づくなと言っているのです。建築家の「作品」を望み、勝手にされることを期待する人もいますから、不安に思う人は止めた方が賢明です。少なくとも、あとで文句は言わないことです。

しかし「C」の場合も、やりたいことをある程度認めてもらわないと、ほんとに遣り甲斐がなくなり、やる気が出ません。まったく言う通りにしてほしいのなら「B」のところに行けば良いのです。やはり「少しは自分のやりたいこともやる」は「C」の建築家にとっては個性であり、アイデンティティでもあるのです。施主はそれが自分の価値観やセンスと違うものでないことを見極め、それを期待するようでなければ建築家に期待する意味はないのではありませんか？

それは「D」の体制でやる建築家にも言えることです。

＊12 建築家の仕事は儲けにならない

それほど建築家は頑張ってくれるの？

工務店にとって、建築家の仕事は儲けにならないどころか、先にも述べたように、二割以上占めると倒産すると言われます。

なぜ建築家の仕事は儲からないのか。理由は二つあります。

一つは予算を叩かれるからです。予算の削り方はいろいろですが、建築家はやみくもに叩きはしません。きちんとリーズナブルに値下げの根拠を示すのですが、工務店もベテランになると、その建築家の「夢中さ」にほだされるのか、自分たちもなんとか協力しようと思うようになります。その両者の呼吸は、私の文章力ではとても表現できません。

では工務店はリーズナブルな値引き以外、どこから捻出するのか？

今日の住宅工事は、まだ驚くほど「前近代的」です。いくらコンピューターを使って積算しているといっても、普通の在来の家を作っている工務店では形ばかり。単なる「電卓」なのです。職人が、夏は暑く冬は寒い環境のよくない現場で、手仕事でやるのですから、コンピューターのように正確にはいきません。

タイル職人がうっかり叩きすぎてタイルを割ることもあるでしょうし、重い材木を抱えて壁や柱に傷をつけることもあるでしょう。発注した番号が間違っていて違う製品が納入されることもあります。信じられないでしょうが、実際にあることなのです。

番号間違いは別として、施工上のミスに関してはあらかじめロスとして、積算する人の勘と経験で見積もりに組み込んでおきますが、建築家の仕事は、無理に泣きつかれるとその辺の数字をギリギリまで放出して、余裕がなくなってしまいます。普通の建築ですとその辺の余裕は余裕として取ってあるので、イザというときの予備金となります。

イザということのない現場は、ほとんどありません。予備金のない工事は、ちょっとミスが出ると赤字です。ですから、スタートからギリギリの建築家の仕事は儲かりようがないのです。

建築家のこだわりは実に厳しい？

もう一つの理由は、建築家は工事の途中でも仕事に厳しいからです。

こんな話があります。監理にきた建築家が「棚が水平でない」と言う。現場監督や大工は「水平だ」と言い張る。もめた挙句測ったら、たしかに五ミリ違っていた。二・五メートルの棚の五ミリの差を見抜ける人はなかなかいないでしょう。しかしその建築家はどうしても譲らず造り替えたといいます。建築家は、普通なら通ることを通してくれません。大なり小なり、そういう厳しさが建築家の仕事にはあるのです。

見積もりと工事の両方で、踏んだり蹴ったりでは、儲からないどころか二度とやりたくないと言うのも理解できます。

しかし実に稀ですが、「建築家の仕事は社員の教育にもなるし、遣り甲斐もあるから、うちは厭わない、むしろ歓迎」という工務店の社長もいます。実際に、その工務店から建築家の傑作がいくつも生まれています。

＊13　建築家の書くものは難しい

難しい言葉を使って自己を主張？

たしかに難しいです。たとえば「即物的な裸形の空間が様々な意味を生産したとみなすことができる。この納屋のような空間は意味の生産機械になった。」と書かれては、前後の文脈から読み解こうとしても、一度読んだくらいでは理解できません。そもそもここで使われている単語は、一般に使われている意味と異なり、書いた人独特の使い方を理解しないと、頭に入りません。難しいことを考えているんだなあと感心するばかりです。

しかしこういう建築家たちは、このように「深読み」することを、知的なゲームを楽しむように楽しんで、否、真剣なのです。一般社会とは関係なく「閉じた社会」だからかも知れません。

打ち放しコンクリートの粗さを好むことを「感性編」とするなら、さしずめ「知性編」とでもいいましょうか。ちなみにこの文章は「A」の大御所のものですが、「C」も同じように、独りよがりと言っては失礼ですが、普通ではしないことや、素直な解決にしなかった理由を得々と述べています。

文章をあまり分かりやすく書くと、内容に重みがなくなるので、難しく書いているのではないかと疑いたくなりませんか？

＊14　後々影響が出なければいいが

竣工直後はキレイでも

昔ある大学で『竣工五年後』という雑誌を作っていました。普通の建築雑誌は竣工するとすぐ取材して綺麗なところを写真に撮りますが、この雑誌は使い始めて五年経ったところで取材するというユニークなものでした。

できたときは良くても、数年経つと見る影もなく汚れてしまったり使い勝手が悪く改築してしまったり、という現実を批判して作られた雑誌です。かなり厳しいところを突いた面白い企画だと思います。

実際、こういうことはあるものです。できた当初は砂糖菓子のように真っ白で美しかったのに、雨だれによって庇の裏や窓の下、壁などが数年で汚れてしまったという例があります。雨に対する処置が不十分だったからです。見た目にすっきりさせようと細部の作り方を無理したために雨が切れず、白い部分に回って汚してしまうのです。できた時はすっきりしていても、すぐダメになってしまいます。

工務店が「これでは雨が入るし、もっと大きくしましょう」と提案しても、聞く耳をもたず、自分の主張を通す建築家もいます。

塗り壁の場合、大きな面の壁には、余程注意をしないとクラック（ひび割れ）が入ります。近年はかなり良い材料ができて、きちんと予算をとってしかるべきやり方で塗れば、ほとんどクラックは防げるようになりました。

それには下地からお金をかけて、上質な壁材を使わなければなりません。実施設計を終えて見積もった結果、予算オーバーになり、塗り壁を変更するとなるとすべてをやり直さなければならない。かといって予算が厳しいので、どこかで質を落とすことになり、割れが入る結果をまねいてしまいます。割れが入ってから、工務店が「だから言わんこっちゃない」と言ってみたところで、施主は工務店の工事のせいにするでしょう、工務店はたまったものではありません。

予算をこんなにオーバーしたら

無理してやらせても

後で影響が出るなぁ

＊15 まだ明快に謳った組織は稀

もう一度言います。「一貫」と「一括」は違います

「一括」というシステムは、「一貫」と同じように、要するに「設計者と施工者が馴れ合っている」ものと思われていました。だから、むしろ「悪いこと、不正なこと」という目で見られていましたから、表立っては主張されませんでした。しかし、「設計・施工一貫」と「設計・施工一括」は違うのだと理解してもらえれば、「一括」を否定することはなくなると思います（最終頁に現在運営している例を紹介しておきますので、参考にしてください）。

＊16　工事業者の見積もり

業者の見積もりは最低でも二週間かかる

最近の見積もりはコンピューターソフトが開発されたこともあり、十分か二十分でできると豪語する住宅事業関係者がいます。が、それはいわゆるハウスメーカーのように自社の規格がすべてできているか、あるいは似たようなシステムを作って、完全な基準のもとに選択できるわずかな変更で家を建てるという場合の話です（やがてそういう時代になるでしょうが）。

しかしまだ今日、町場の工務店では現場を知ったベテランたちが、経験と勘を生かして電卓と取り組んで見積もっているのが通常です。

見積もりは、どうしても二〜三週間はかかります。質疑を繰り返してやり取りし、調整をして清書し終わるまで、三週間見ておくのが無難でしょう。通常は「見積もり及び調整期間」として一カ月を計画表に入れています。

従って、デザインビルドのように設計と施工が一体となり、工事をすることが前提となっている施工者が、同時に見積もっていると、設計が終わった段階にはほとんど正式な見積もりも終了するという具合です。「見積もり調整期間」が大幅に節約できるのです。

＊17 図面にかかる膨大なエネルギー

「図面の簡易化」は無くても良いとは違う

前述したように、通常の木造住宅の図面は四、五十枚以上になります。しかしその中には、いちいち図に描かなくてもすむものがあります。たとえば地盤によって基礎の種類が決まりサイズや配筋に適切な基準を決めておけば、それらを「別図」として一覧表にし、あとは記号による伝達にして簡易化できます。従って設計と施工が「一括」で連携していれば、その基準を共用し、「記号による伝達」ですますことができるのです。

ここで誤解しないでください、何も書かないということではありません。「自分たちは分かっているから」と施主に何も示さなくていいということではありません。表示の仕方が記号で簡易化されているというだけで、必要なら第三者に表示できなければなりませんから。「建て売り」のところで述べたように、「確認申請」用に描いた数枚の図面だけであとは施主に渡さないということでは、話になりません。

参考のために、あくまでも標準ですが、木造三、四十坪（百平米くらい）の家の必要図面の種類を列挙しておきます。

仕上げ表、案内図、配置図、平面図、立面図、断面図、矩計図、各種伏図、軸組図、展開図、設備図（それと仕様書や概要書、また構造図は必要に応じて描きます）。

但し、これらがすべて揃っていなければダメというわけではなく、分かりにくいかもしれませんが、必要な図面を一緒にまとめることもあります、念のため。

＊18　施主の責任もあります

「家の健康診断」も受けるべきです

家を健全に維持し続けるには、けっこうなエネルギーが必要です。費用もかかります。汚れてきたというだけなら我慢していればすみますが、錆びたり腐ったりということになると家の寿命に関わるので放置できません。

たとえばペンキ。三、四年もすれば剝がれたりします。室内ならまだいいのですが、外部は塗り替えなければなりません。それは工務店の責任ではなく、施主が維持しなければならない事柄です。

コーキングシールも永久ではありません。場所によって早いところでは、三、四年で補修しないと、割れなどを起こして、雨水が侵入することがあります。完成して次の台風で雨が漏ったというのであれば、工務店のシール屋のシールの仕方が悪かったといえるでしょう。小さな隙間に気が付かず雨水が侵入したということになりますから。しかし四、五年経ってのシールからの雨漏りは、施主のメンテナンスの問題なのか施工の悪さの問題なのか、難しくなります。

四年目くらいにサッシの取り付けのところから雨が漏ったという場合、「シールのメンテが悪かったので修理は有償です」とはなかなか言えないようです。

健康診断は毎年有償で受けるのですから、家の「健康管理」も有償を覚悟で受けてください。そうすればいつまでも「健康」でいられますから。

特に、ローコストや値切りに値切って無理して建てた家は、「虚弱体質」ですから健康管理はよりしっかりやらねばなりません。

第4章

蛇足

余計なことかも知れませんが

この際ですから、日ごろ考えている
どうしても言っておきたいことや、
この本で言い足りなかったことを書き足します。
蛇足かも知れませんが本音です。
「デザインビルド」だけの話ではありません。
断っておきますが「デザインビルド」は設計の姿勢と立場を
施工と組むことで下げたり弱めたりするものではありません。
その逆で、
純粋性を守り、立場を守り内容を真に高めるための方式です。

蛇足1　アートに近づかないための再忠告

粗末なコンクリート型枠の味、分かりますか？

変わった家で「住宅建築史」に残る傑作中の傑作があります。「アート」中の「アート」です。「塔の家」と言って、敷地が六坪しかありません。そこに七畳くらいの部屋を地下一階、地上に五層積み重ねた家です。これも打ち放しコンクリートですが、安藤忠雄の作品のように綺麗な肌ではなく、十五センチくらいの幅の板を並べて張り、それを型枠にしてコンクリートを流し込んだだけのもので、打ち放しコンクリートのごく初期のやり方の粗末なものです。そこがいいのです。

この家ができたころは既にベニヤの型枠が使われるようになっていて、やろうと思えばもう少し平らな、つるつるしたコンクリートの仕上げにすることもできました。ところがこのコンクリートは粗々しく、気を付けないと肌が触れたら擦り傷ができそうな粗さです。わざと初期のころの型枠にしたのです。

設計者は、コンクリートが本来持っている強さ、荒々しさ、粗雑さ、素朴さといったことを率直に表そうとしたのではないでしょうか。綺麗に大衆化していく「打ち放し仕上げ」に対する痛烈な抗議だったと思います。

これを見て建築家たちは「良いなあ」と言って唸りました。私も見に行って粗いコンクリートの魅力に唸りました。なんとも味があるのです。この味の良さが分からない人は「アート」には近寄らない方がいいでしょう。

踊場に住んででも？

またこの家はプラン（平面計画）が強烈です。七畳くらいの部屋を五層積み重ねた家と述べましたが、恐らくこのように奇異な空間構成の家は他に例がないでしょう。「A」だからです。

この家が作られたころは、景気の良さに押された人たちが、郊外へ郊外へとマイホームのために良い環境を求めて広がっていった時代です。それをUターンする形で都内にとどまり、「都市に住むこと」を主張する。郊外に出て行けば、何倍もの広い土地が買えたはずです。そうすれば庭付きのもっと大きい家が建てられたはずです。

踊場のようなところに住んででも都市で生活をする、その姿勢が喝采を受けたのだと思います。

階段室の踊場のようなところで生活する、しかも擦ると怪我をするような壁に囲まれて。自邸だからできたのかもしれません。主張は分かっても、私は好んで住もうとは思いません。しかし建築界では多くの共感者が高く評価しました。歴史に残る傑作と言われています。

緑の多い庭付き住宅に住みたいと思うマイホーム一家は、「アート」に近づくことは要注意です。

普通の人はアートに住むな

真似をするな、近づくなという「アート」には事欠きません。

屋根の上にタンポポを植えたりニラを植えたりした建築家がいます。ロマンチックですね。夢がありますねえ。山田洋二の映画『幸福の黄色いハンカチ』のクライマックスのシーンを思い出します。こんな洒落た提案「一世を風靡した」と言いたいところですが、恐らく一年がやっとだったのではないかと思います。

毎日水をやらねばならないことくらい分かっていたはずですが、奥様もさぞ大変だったことでしょう。これも自邸でした。

恐らく設計者は、「クライマックス」という一シーンさえできればいいと思ったのでしょう。しかしそういうことが賞賛される建築界ですから、「A」に近づくなら、これを認められる人だけにしてください。あとで文句を言うような人は、絶対に近づいたり邪魔をしないでください。

屋根と壁が一体になったかまぼこ型の家を作った建築家もいました。その家はすべてがアルミのパネルでできていて、天井がありません。雨の日は猛烈な音で眠れなかったのではないでしょうか。

丹下健三などは、自分が建てた「自邸」に雨戸もカーテンも無いから明るすぎて眠れない。そのため「アイマスクをして寝ていた」と元スタッフが『丹下健三を語る』という本の中で語っています。

もっとも、丹下健三は「私は住宅をやるために建築家になったのではない」と言ったそうで、そういう建築家もいますから、建築家と住宅の関係は面白いし要注意なのです。

アートにリスクは付き物です

まだまだ数限りなくありますが、私はこれらをすべて「アート」でくくります。住宅だと言えば批判も出ますが、アートなら建築家と住み手の問題です。住み手さえ納得しているなら、まったく問題はありません。私も、施主との関係を考えなくていいなら、これらの「A」作品は、ほんとに刺激が与えられる素晴らしい住宅だと思います（中にはちっとも感心しないものもありますが）。

最後に、『「なぜ？」から始める現代アート』という本の中で著者の長谷川祐子がアートの建築について書いています。

「不便になること、悪意をもたれてしまうかもしれないこと、社会的なマナーにかなっていないこと、アートは、絶えずそのような両義性や矛盾を抱え込むものです。（略）アートの文脈にリスクはつきものです。それは従来、タブーや障害だとされているものについて考え直させる契機でもあります。」

言っていることは理解できます。しかし、文章で理解できても、これを住宅にして、つまり日常の住まいにして承知できる人はめったにいません。ですからよほど覚悟ができている人以外は「A」には近寄らないことを薦めます。そして彼らの邪魔をしないでください。

「A」に近づかない人には、「D」があります。

蛇足２　ハウスメーカーのこと

「自由設計もできる」に釣られて土地を買う

私は以前、知人から頼まれて、ハウスメーカーに付き合ったことがあります。

知人は土地も一緒に探しており、公園の前の理想的な土地が見つかって買いたいと思いました。ところがそこはあるハウスメーカーが売りに出している土地で、そのハウスメーカーに家を依頼することが前提でした。

近年ハウスメーカーでは潤沢な資金のもとに土地を先に買っておいて、自分の会社の家を建てることを前提にその土地を売るという風潮が強まっていると聞きます。最近戸建て用の土地が極端に少ないと聞きますが、どうもそれが原因のようです。客はそのハウスメーカーの家が気に入らなくても、戸建て用の土地がなかなか手に入らないので、やむなくその土地を買わざるを得ないという、まことに嫌な現実ですが、私にはどうすることもできません。

知人が気に入った土地のハウスメーカーは、「自由設計もできる」を宣伝に謳っていました。それなら設計は前から気に入っている私に頼もうと、知人は土地を購入しました。私の設計は、いわゆるハウスメーカーとは全く反対の考え方とデザイン傾向ですが、知人はそれをよく承知していて、私に頼めるなら安心と思ったようです。

「自由設計もできる」と謳っている以上、私がすべて設計し、ハウスメーカーは施工だけ行うと思ったようです。普通ならそう思って当然でしょう。しかも「自由設計もできる」の意味を営業の人に説明してもらい安心して買ったようです。

私が呼ばれ設計が始まりました。

規格の中の「自由」

私は施主と打ち合わせを重ね、おおむね基本設計が終わった時点で、工事費の確認もありハウスメーカーに行って打ち合わせをしました。

会社からは設計担当という建築士と全体を仕切っているらしい営業担当が現れました。設計士は何故か不機嫌そうでした。

一応、私が説明すると大まかには認めてくれたものの、彼らの部屋のあらゆる寸法単位は既に規格があって、つまり廊下の幅は何センチ、扉の幅は何センチ、便所の幅は何センチというように基準が決まっていて、すべてそれに従わなければならないのです。

「それではちっとも自由じゃあないではないか」と抗議しましたが、聞く耳など持ちません。というより、間取りは自由に作ったんだから、寸法の問題などかまわないではないか、という姿勢なのです。

リビングの吹き抜けの階段にしても同様です。施主が恰好のいいものを望むので、手すりや側桁をデザインすると、すべて拒否。階段はすでにデザインされて作られた二種類が用意されていて、そのどちらかから選ばなければならない。こちらの意向が反映できるのは取り付ける位置だけです。階段の下に洒落た収納を作ろうなどは一切不可能。制限があるばかりではなく、独自のデザインは一切許されません。

ハウスメーカーの家は「アッセンブル」即ち選択と組み合わせでできているということはある程度知っていたのですが、「自由設計もできる」なら、文字通り自由に設計できると思ったのが間違いでした。

だからそれだけ安価にしている、と言われれば、ごもっともと引き下がるほかありません。

否、私の設計信条は「ローコスト」ですから、価格の比較をすれば、決して負けはしないのですが。

彼らにとっては「選ぶ」ということは、それだけ「自由」があるということのようです。われわれは独自のデザインが「自由」ということで、二種類の中から「自由」に選ぶということは「制約」でしかありません。彼らには建築の設計とはどういうことなのか、基本から教育しなければならないので、知人には悪いけれど表面からは手を引きました。私にはそれ以上踏み込んでいけない世界でした。

施主もそういうことなら、「自由設計もできる」とは言えないから、土地の購入も契約解除したいと弁護士を入れて戦おうとしましたが、勝ち目はないとのことであきらめました。

その後の報告によると、材料や設備器具など、すべてをハウスメーカーが選んで決めた見本部屋が設置されていて、営業の担当者にどれがいいですかとうながされて、彼らが用意した中から選んだと言っていました。自分たちで探して気に入った材料や、他のメーカーの器具は認めてもらえませんでした。

しかし大半の人はそれで満足するようです。それで満足するなら、それでいいではないかと思います。

たしかに、便所の幅が85センチでも90センチでも、こういうものだと思える人は、こだわる必要はないのでしょう。私たちも別に85センチか90センチかにこだわっているわけではないのです。たとえば便所と背中合わせになっている収納や、隣の書斎の本棚とどう調整するか、あらゆる位置や寸法をやりくりして作りたいのに、そのデリカシーを認めず基準を押し付けられては、肌理の細かい設計はできないということです。

ハウスメーカーは大小無数にあります。ハウスメーカーには、実際に建っている実物が展示場で見られるという良さがあります。それが良ければそれでいいのです。そんなに肌理の細かい設計や、工夫をしたりやり繰りをして独自の設計をしなくても、「展示品」の中から選べばそれで良いと考える人はそれでもいいでしょう。

ただ、営業力は我々が見ても感心するほど強烈で、ついついその営業力に押されて、ハウスメーカーのペースに乗せられることのないように。先に述べた「自由設計もできる」のような誤解のないように。始める前にくれぐれも慎重に考えて、調べて、質問もして、すべて納得してから始めましょう。始まってからでは遅いのですから。

蛇足3　設計者と工務店の危うい関係

馴れ合いは要注意

「親しい」ことと「馴れ合い」は違います。建築家と工務店が親しくすることは悪いことではなく、むしろ技術的なノウハウや固有の技術を提供し合って、お互いのメリットになります。また気心が知れているということは、現場の作業にとってもむしろプラスになります。

しかし「馴れ合い」は別です。もし、良からぬことを考えたり、ズルをしようと思ったときも、それを止めたりけん制し合う力が働かなくなって、好ましくありません。また相手を利することにはならないけれど、良い仕事をしようと、真剣に取り組んでいる場合も、「馴れ合い」は足を引っ張ることがあります。

そういう意味で、節度をわきまえない、親しさが一線を越えるような馴れ馴れしさは戒めなければならないと思います。「親しき仲にも礼儀あり」の諺どおり、今日もあらゆる場面に必要なコミュニケーションの作法です。

北野武の監督する映画に出演していたタレントの話によると、撮影現場での彼は役者と談笑することもなく、むしろ口も利かずに怖い感じだったといいます。一方北野本人によると、自分は役者と親しくしていると、演技を指示するときにどうしても緊張感が保てない、という意味の話をしていましたが、分かるような気がします。役者と監督には距離を保つ緊張感が大切なのでしょう。

工務店に踊らされる建築家

工務店と建築家のグループの懇親会に出たときのことです。建築家の中に島根県出身の「ドジョウすくい」踊りのうまい人がいました。コンクールでも優勝するくらいの腕前で、若い建築家仲間では有名とのことでした。酒もまわって宴たけなわになったころ、その建築家とよく仕事をしているらしい工務店の社長が「オイ！　オマエ、ひとつ踊れ！」と叫びました。私はびっくりして建築家の方を見ると、彼は照れ笑いをしながら立ち上がり、そこにあった丸いお盆を腰に当てて踊り始めました。社長は満足そうに「ウマイゾ！」とはやし立て、周りの建築家たちもヤンヤと喝采を浴びせていました。

私は一人どうしても笑えず、拍手をする気になりませんでした。そして「まずい」と呟いていました。酒宴でのことで不粋ではありますが、工務店の社長が建築士を「踊らす」この関係、一夜の宴の姿だけでなく、一線を越えている関係に思えたからです。

その後も聞こえてくるのは、社長はタメ口、建築士は敬語を使っている、この関係。若い仲間の建築士たちによれば、彼の事務所はこの工務店から仕事をもらい、食べていけているとのことでした。多かれ少なかれ、この会にはそういう建築士が来ているとも教えてくれました。普段も同様に社長はタメロ、建築士たちは敬語の関係だそうです。

厳しい緊張関係が必要

私は、工務店の仕事を受けることを否定しているのではありません。しかしその場合は特にその危うい関係に注意していないと、厳しい緊張感のある関係は保てません。厳しい緊張感のある関係が保てなければ、やがて「馴れ合い」になり、その関係でやる仕事は……私は心配でなりません。

そこで、「デザインビルド」の組織においては、設計と施工は対等な立場で、緊張感を保ちつつ、しかも相互信頼の上に成り立っているので、「親しさ」のメリットを生かしながら仕事をすることになります。

蛇足4　セカンドオピニオンとコンペの話

100%は信用していないということ?

医療の世界では「セカンドオピニオン」という制度を薦めています。つまりもう一人別の医者の意見も聞いてみる、というもので、理屈の上では良いことだと思います。

医者に放射線治療より手術をして治しましょうと言われ、その方法が正しいのかどうか疑問のある場合、別の病院でも診てもらって確認するということのようですが、私にはできません。もし方法がいくつかあってどの選択をするかというのなら、はじめの医者から十分説明を受ければ良いと思うからです。

医者の話に食い違いがあって、説明にも不信感を抱き、どうしても変わりたいというのであれば、病院を変えればいい。しかし、途中で「他の先生の診たてもしてもらいたいので、これまでの診察記録や検査記録を貸してください。別の病院でも聞いてきますから」などとは、私には言えません。そして他の病院で診断を受けて、「納得したからやっぱり先生のところで診療してもらいます」などと、私は戻れません。

私は、他の人と比較するということは、イコール「貴方を１００％は信用していない」という意思表示に思えるのです。それは不幸なことです。

他の人と比べれば良いという話ではない

建築にも似たようなケースが多々あります。しかし建築の場合は１００％信用していないというよりも、他の人の案も見てみたいという「ちょっと困った贅沢」な心理からだと思います。

「モノが決められない人」もよくいます。常に迷って、決心がつかない人です。「下手な考え休むに似たり」という言葉がありますが、迷った挙句に決めたものがベストとは限らないのですから、困ったものです。

建築の場合はいろいろなケースが考えられますが、ここでは特に「デザインビルド」に関係する一例だけ書いておきます。

デザインビルドの設計者が施主から依頼されて一案提出しました。デザインビルドですから、施工者と十分相談しながら三千万円という予算に合ったものを概算書と一緒に提出しました。

ところが施主はそれが特に気に入らないとか不満があるという理由ではなく、他の案もちょっと見てみたいという「贅沢」な心理から、最近雑誌などにもよく出ている若い建築家にも依頼しました。

若い建築家はいつも高級で立派で派手な建築を作る人です。やる気満々で、一案を作りました。しかも自分は他の建築家の「セカンドオピニオン」なのだから、どうしても仕事を取ろうと思ったのでしょう。はじめの建築家の誠実さは無く、比較されていることだけを意識して、勝つために案を作ったようでした。

競争となると特別な心理が働くものです。そしてその「仕事を取る気」のために力を入れたプレゼンテーションは、ただ誠実に責任を果たそうとした人の案とは明らかに異なります。が、双方を比べて、内容を真に見抜くことは素人には無理だと思います。

案の定、若い建築家の案の方がいくらか上等に見え、立派にも見えたので、施主はそちらを選んでしまいました。

設計を進め、約半年後に図面が完成しました。工務店を探して二社に見積もりを依頼しました。

出てきた見積もりは三千万円の予算に対して、一社が四千百万円、もう一社はなんと五千万近かったのです。こういうことは無い話ではありません。大なり小なり、よく聞く話です。

あまりにも予算とかけ離れていたので、裁判の話も出たものの、時間的に余裕はないし幾らかかるかも分からない。結局、工務店のランクをずっと落とし、内容も変えて予算に近づけ、なんとか完成させた、という話です。

デザインビルドの工務店で建てていたなら、質も落とさず堅実なものに仕上がったことは言うまでもありません。初めから予算に合わせながら設計せずに、途中で工務店を叩いて下げさせてもリスクばかりが残るものなのです。

単に他の人と比べればいいというものではありません。特に建築の場合は、お金が絡むので、潤沢な予算があるなら別ですが、どんなに良い案でも予算とかけ離れたものなど、なんの意味もありません。

そもそも、途中で他の人に設計の内容を批判してもらったり、いろんな人の案を比較するということは、私は止めるべきだと思います。初めに決めた建築家を信頼すべきです。

もしどうしても気になることがあるなら、本人にしっかり説明を求めるべきです。それでも不安なら、医者と同じように相性があるでしょうから、否なものは否で、しかるべき手続きをとって契約を一旦解除し、建築家を変えればいいのです。

また、複数の案を比較したいのなら、それなりの費用を払って「コンペ」をしてください。建築家が仕事をほしがっているからと、タダで利用するのは止めてもらいたいと思います。

コンペにもルールがあります。三、四人の建築家に案を出させ、施主が気に入った案を選ぶ。もし気に入る案が無ければ「ゴメンナサイ」ですませるとしたら、応募する建築家はたまったものではありません。費用を払えば別ですが。

次の項でも触れますが、他の医者にも診てもらうからと診察費を払わない人はいないと思います。

コンペをお望みなら
しかるべき費用を払わないと
良い案は出ませんよ

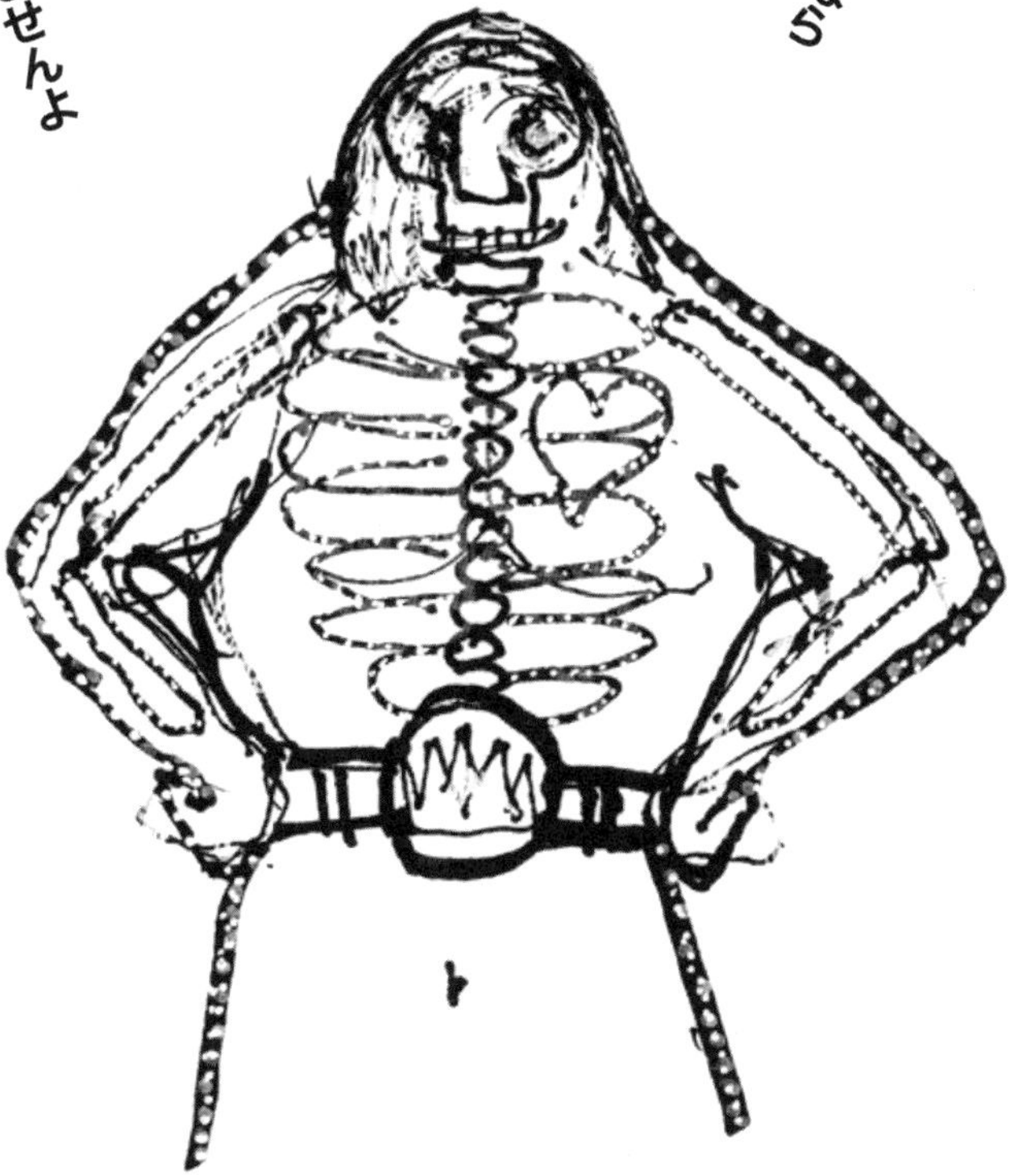

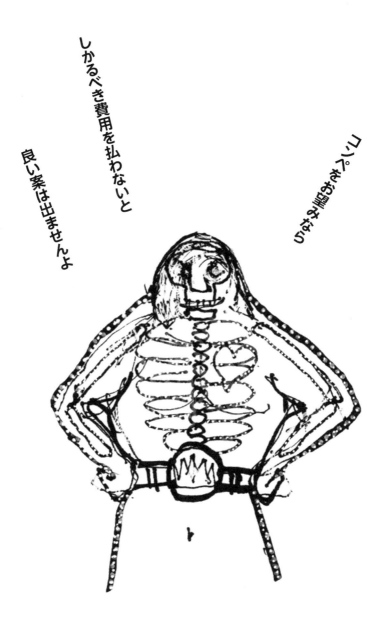

蛇足5　設計料のこと

設計事務所の設計料は実質的で、高くはない

昔、私は建築家が設計料を7％取るのがやっとだったころ、「設計料を払うことは無駄ではない。10％は払ってください」と、住宅関連の一般誌や主婦向けの雑誌に機会があるたびに書いていました。

ところが最近若い人たちに10％は当たり前、12～15％取る人もいると聞いて、時代は変わった、やっと理解されるようになったと、先進国並みになったことに安堵していました。でも実はまだ根強く「もったいない」と思う人がいるのです。説得するのさえくたびれました。もう説得はしません。

しかし「もったいない」と思う人が考えていることや、やっていることは理不尽で矛盾している、ということだけは知っておいてください。

例えば、設計事務所が10％とします。その金額が決して高くないという話は後述します。

さて、ハウスメーカー（住宅会社）の場合、見積書の「設計料」の欄にはもっとずっと安い金額が記入されていることがあります。ですからハウスメーカーの方がずっと安いと思うようです。しかしハウスメーカーはＴＶコマーシャルや、自社が入る大きなビルの費用など、設計そのものに従事する人以外の膨大な人件費がかかっているはずです。

それに比べると設計事務所のすべての経費は雲泥の差で、安いのです。つまり設計料は、実質的に設計のために使われているのです。

ハウスメーカーは施主の心理をよくついており、「設計料」という欄の金額は、安めに書いているところがあります。ＴＶコマーシャルなどの膨大な費用はどこから出るのでしょうか？　施主が払った費用からです。それが名目上何であれ、施主からちゃんと取って、そこから払われているのです。もっとも決められた枠（規格）の中から選ぶだけですから、手間がかからないのだと言われれば、ごもっともと黙るしかありませんが。

かかった設計料は払ってください

建築費を銀行ローンで賄う場合、銀行から確実に融資を受ける約束をしなければなりません。途中で融資が下りないことになると大変ですから。そのために銀行では融資を決める前に、簡単な図面と工事契約書の提出を求めます。おかしなシステムだと思います。融資が下りなければ中止しなければならない場合もあるのに、「工事契約書」があるはずないでしょうに。少し気の利いたところは「契約書」ではなく「見積書」でもいい場合があります。

いずれにしろ概算でも見積もりをするためには、ある程度設計をしなければなりません。しかし、設計を行った以上、融資がダメでもやった作業に対しては正当に設計料を払ってもらわなければ困ります。

但し、今日工務店の見積もりはどういうわけかタダでやらせる慣例になっています。工務店は利潤追求の株式会社ですから、営業行為の一環として見積書の作成はタダということなのでしょうか？　しかし設計事務所は利潤追求の会社ではありませんから、設計は営業行為ではしません。

住宅ではなく、たしかホテルだったと思いますが、この問題では、裁判で判決が出たことがあります。

銀行融資を受けるために案を決め、施主も了承して図面を作成し、積算して提出したところ、別の理由で融資されないことになり、ホテル計画はとん挫しました。そこで設計事務所はそこまでやったことに対して「基本設計料」の一部を請求しました。ところがここまでやったものは実現しないのだからサービスだろうと、相手は払わない。

そこで裁判。ところがバカな裁判官がいるものです。実施しないのだし契約も結んでない、サービスだからと、一、二審とも払わないでいいという判決を出したそうです。

この裁判官はきっとこうした人なんでしょう。頭が痛いのでA病院に検査入院して手術と診断された。しかしセカンドオピニオンでB病院に行ったら手術より放射線治療をすることになった。そこでA病院の検査入院費や診療費は踏み倒す……困ったものです。

あるいはこの裁判官たち、やめたら「弁護士業」を始めるに違いありません。弁護士になった彼のもとに、「不当に不払いの人がいて困っている。裁判にしたい」と相談に来た客がいたとします。「最後通告でその旨内容証明付きの手紙を出しましょう」ということになり、手紙を出した。ところが、相手はたまたまその手紙を見る前に全額払ってきた。

そんなとき、実際には裁判しなかったのだから、内容証明付き手紙はサービスかと思うと、必ずや内容証明の手紙作成代、何十万かは請求してくるでしょう。そういう裁判官たちではないでしょうか。

しかし住宅建築の世界は違います。建築の施主たちは、もう少し知性の通じる世界の住人だと信じます。銀行融資交渉のために、必要な設計をしてもらったのだからと、人の行為と労力を無視して、「サービスだ、営業行為だ」と設計料を踏み倒すようなことはしないと思います。タダを望むような人は「建て売り」の家を買ってください。建築士に頼む資格はありません。

設計料の10％は高いのか？

一般的に設計料10％は定着したようです。正確には工事総額によってこのパーセンテージは上下すると言わなければなりませんが。

これは果たして高いのでしょうか？　安いのでしょうか？

たとえば在来工法による木造二階建てで総工事費三千万円とします。すると設計監理料は三百万円になります。

一般に、設計の第一回目の打ち合わせをしてスタートしてから、完成・引き渡しまでに、設計に六カ月、工事に六カ月、計一年かかります。工事は実質的に五カ月としても、はじめに行う敷地などの準備に半月、完成後の直しなどに半月。結局六カ月、合計で一年になります。

設計は、施主と打ち合わせを繰り返しながら普通の木造住宅で図面を約五十枚描きますから、一人のスタッフがほとんど半年つきっきりになります。しょっちゅう変更したり、決断に時間がかかる施主ですと、さらに時間はかかります。

工事が始まると、現場で監理をすることになります。平均週一回行ったとして、その間施工図の制作や変更にともなう図面修正をしなければなりません。さらに使用する材料や器具など、六カ月の設計段階で集められなかった見本などのチェックに時間がとられます。ほとんどこの物件につきっきりになります。

設計監理料三百万円を十二カ月で割ってみましょう。月に二十五万円です。通常、事務所経費（家賃、光熱費、紙やインク等の文具費、交通費、車の維持費、駐車代、事務所機器維持費、等々）は、人件費一に対して三から四（五のところもある）かかるといわれており、実際の経験上もそうでした。スタッフの人数が増えるとその割合で増えます。最低で三としても、スタッフの給料は六万二千五百円になります。納得できる数字でしょうか？

若いスタッフの給料を税込十五万円としてみましょう。勿論残業代なし、ボーナスなし、保険も一切なし。残業は常態化しています。そうしないと事務所がやっていけないからです。保険で届けていないので「労働基準監督署」は実情の把握ができずに放置しています。世にいう「ブラック企業」の典型でしょう。

計算上六万二千五百円のところを十五万円払うのですから、一軒だけにしがみ付いているわけにはいかず、無理して二軒抱えます。同時並行が三軒になると相当手を抜かないと不可能でしょう。その上、仕事を取るためのプレゼンテーションや銀行融資のための図面をタダで描いていたのでは、事務所は崩壊します。

最近の若い建築家の中には、12％から15％取る人はザラです。当然と思いますが、一般に理解する人は少なく、10％がやっとというのが普通の感覚なのでしょう。しかし15％取る若い建築家が「設計料が高すぎる」と嫌って帰った客はまだいない、と豪語していました。ここで「格差社会」の話をしても始まりませんが、払える人もいれば払えない人もいる。それも現実なのでしょう。

ここでは総工事費三千万円を例にしましたが、これが二千万円でもかかる手間はほとんど同じです。三分の二に減るわけではありません。それでいて、設計料は二百万円に減ってしまう。まったく成り立ちません。ですから三千万円から五千万円くらいが10%なら、二千万円なら15%くらいにしないとやっていけないということがお分かりいただけると思います。

ちなみにこれは在来工法木造の場合です。鉄骨造とか鉄筋コンクリート造の場合は、構造計算書も必要で、構造事務所には、通常、設計料の15%を払います。つまり10%の設計料なら設計事務所に実際に入る設計料は8・5%となります。ですから構造設計料は別にしているところが多いのです。

そこで建築家もただ手を抜くわけにはいきません。工夫して、図面作成の簡略化を考える。つまり「設計・施工一括」=デザインビルドで意思の疎通を図り、省略できるものは省略する。そうやって設計料をリーズナブルに値下げ=10%で何とかやることを考えなければならないのです。

「どうせ私はCだから」

私が若い建築家たちに「住宅A、B、C」の話をすると、面白がった後に「どうせ私は

『C』だから」と言います。「どうせ」と付けるのは、彼らは「A」をほんとうは目指しているのですが、謙遜というか卑下して自分を「C」に置こうとするのです。

これは大学が「A」を目指せと教えるからかもしれません。たとえば、一年生のはじめの設計の授業で「自分が良いと思う住まいを探してきなさい」という課題が出されたとします。それに対して、学生たちが自分の町にあるハウスメーカーが建てたような豪華な白い壁のお洒落な家を探して提出すると、成績はCです。また、建築専門誌に出ているような、明らかに建築家の手によるような変わった家を探してきて提出するとBが付きます。

そんなとき、ハチの巣とかアリの巣を調べてその断面などを描き「これは良くできた住まいです」と意表を突くようなものを出すと、先生は喜んで「A」を付けます。

これは、建築家というものは、既成の枠にとらわれてはいけない。当たり前のものに慣れてしまってはいけない。常にゼロからものを考えるようになれ、ということを教えようとしているからです。たとえ一般大衆が商業主義の宣伝に乗って「これは素敵だ」と思うようなコジャレたデザインを求めたとしても、一緒になって同調するような姿勢を戒めて、常に疑問や批判の精神を持って、どんなことでも原点から問い直すようにならなければダメだと教えようとするのです。

それは形、デザインばかりではなく、住み方や町のあり方や、都市の問題へと広げていけということです。

そうやって鍛えられた学生たちは、その精神を身につけて世に出ますが、待っているのは、ハウスメーカーのようなコジャレた住宅に憧れる施主がほとんどです。ですから「A」はやりたいけれど現実を考えると「C」しかできないと悟り、私は「A」をやっていますとは、到底言えないのです。

ほんとうは、堂々と「B」です、と胸を張って言える設計者が出てくると良いと思います。ほんとうは「B」で良いのです。できるなら「B」が良いのです。今の発注、受注方式では、純粋に「B」をやっていけないだけなのです。

施主が「C」を求め、建築家は「A」に対するコンプレックスを持ちながら「C」で妥協するという状況は、ちっとも良いことではないと思います。

「C」は施主にとっては「コジャレ」で、建築家にとっては「コンプレックス」の「C」というのではシャレにもなりません。

私は「D」という新しい仕組みの中で、現実を見据えて今日取り組むべき問題に、原点

から向かう設計ができないか？　を模索しています。それは本来「B」にある姿勢でもあると思うのです。

施主の「コジャレた」嗜好など、「A」を夢見る建築家には簡単にかなえる力があると思います。だからそれはそれとして、純粋に「D」として新しい道があると信じています。

吉田サァン！
所詮は
絵に描いた餅なんじゃないですか？

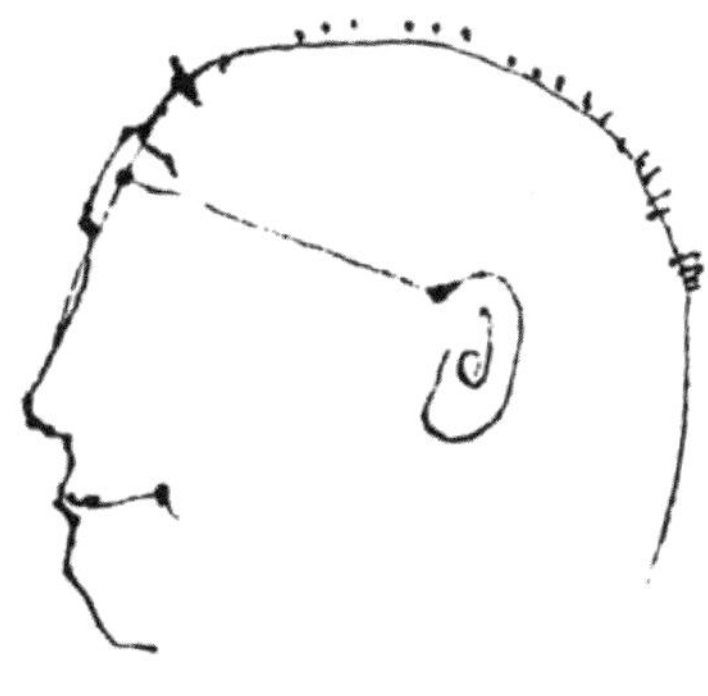

そんなことはありません。
すでに活動を始めているグループをご紹介します。

デザインビルド：http://www.designbuild.jp
クオリア：http://www.gualia-life.co.jp
アーキビルダーズ：info@archi.builders

吉田　研介（よしだ　けんすけ）

1938年東京都生まれ。プロフェッサーアーキテクトとして、長年大学で教鞭をとりながら設計事務所/吉田研介建築設計室を主宰してきた。主な著書『プレゼンテーションテクニック』（彰国社）、『建築家への道』（TOTO出版）、『建築家の住宅論』（鹿島出版会）、『住宅の仕事/白の数寄屋』（バナナブックス）他。

家を建てるなら　デザインビルドで
理想の住まいづくりのための「設計・施工一括発注」のススメ

2016年5月3日　初版発行

著　者　吉田研介
発行者　中田典昭
発行所　東京図書出版
発売元　株式会社 リフレ出版
〒113-0021　東京都文京区本駒込 3-10-4
電話（03）3823-9171　FAX 0120-41-8080
印　刷　株式会社 ブレイン

ISBN978-4-86223-964-8 C0052
Printed in Japan 2016

ご意見、ご感想をお寄せ下さい。

［宛先］〒113-0021　東京都文京区本駒込 3-10-4
東京図書出版